W0172924

Wildbeeren und Wildfrüchte

KOSMOS NATURFÜHRER

Hans E. Laux

Wildbeeren und Wildfrüchte

170 Arten in Farbe

Kosmos
Gesellschaft der Naturfreunde
Franckh'sche Verlagshandlung
Stuttgart

Mit 172 Farbfotos von Hans E. Laux und 49 Schwarzweißzeichnungen aus dem Archiv

Umschlag von Edgar Dambacher unter Verwendung einer Aufnahme von Hans E. Laux
Das Bild zeigt Mehlbeeren *(Sorbus aria)*

CIP-Kurztitelaufnahme der Deutschen Bibliothek

Laux, Hans E.:
Wildbeeren und Wildfrüchte : 170 mitteleurop.
Arten in Farbe / Hans E. Laux. – Stuttgart :
Franckh, 1982.
(Kosmos-Naturführer)
ISBN 3-440-05125-0

Franckh'sche Verlagshandlung, W. Keller & Co., Stuttgart / 1982
Alle Rechte, insbesondere das Recht der Vervielfältigung, Verbreitung und Übersetzung, vorbehalten. Kein Teil des Werkes darf in irgendeiner Form (durch Fotokopie, Mikrofilm oder ein anderes Verfahren) ohne schriftliche Genehmigung des Verlages reproduziert oder unter Verwendung elektronischer Systeme verarbeitet, vervielfältigt oder verbreitet werden.
© 1982, Franckh'sche Verlagshandlung, W. Keller & Co., Stuttgart
Printed in Germany / Imprimé en Allemagne
LH 14 Ste / ISBN 3-440-05125-0
Gesamtherstellung: Sellier Druck GmbH, Freising

Wildbeeren und Wildfrüchte

Einleitung

Wildfrüchte und Wildkräuter sind dem Menschen seit Urzeiten bekannt. Funde von Nüssen in Höhlen und Lagerplätzen steinzeitlicher Jäger und Sammler geben uns Hinweise auf die Verwendung von Wildfrüchten als Nahrungsmittel.
Mit der Entwicklung des Ackerbaus haben unsere Vorfahren bald nützliche Beeren und Kräuter in die Nähe ihrer Behausungen gepflanzt und die Früchte für den täglichen Bedarf und zur winterlichen Bevorratung geerntet. Die Anbaumethoden wurden im Lauf der Jahrtausende verbessert, die Erträge vermehrt und die Kenntnisse über Wirksamkeit, Giftigkeit und Verwendung von Kräutern und Früchten erweitert. Neben dem systematischen Anbau der Kulturpflanzen und der Industrialisierung der Nahrungsmittelproduktion hat man – vor allem in ländlichen Gegenden – immer noch die Früchte des Waldes gesammelt und verwertet. Bis in die neueste Zeit überstanden Menschen durch Krieg und Mißernten bedingte Notzeiten mit Hilfe der Beeren, Pilze und Kräuter aus Wald und Flur.
Je mehr wir heute in einer naturfremden Umgebung leben und arbeiten, umso größer wird wieder das Interesse an gesunder und unverfälschter Natur. So ist für viele Menschen das Kennenlernen und Sammeln wildwachsender Kräuter, Beeren und Pilze oder der Anbau von eigenem Obst und Gemüse zu einer lieben Freizeitbeschäftigung geworden. Es ist sicher kein Zufall, daß in einer Zeit, in der fast alle Bedürfnisse kommerziell befriedigt werden, wieder viele Menschen ihre Beeren selbst sammeln, Rezepte aus Großmutters Zeiten hervorholen und mit Stolz auf selbstzubereitete Vorräte zurückgreifen.
Für alle, die dieses Interesse für die Natur teilen, die sich an schönen Wildpflanzen und -früchten erfreuen, die Beeren und Nüsse für Küchenzwecke sammeln, ist dieses Buch geschrieben. Es soll zur Bestimmung unserer Wildbeeren und Wildfrüchte dienen und wendet sich an Naturfreunde, Hobbybotaniker, Gärtner und Beerensammler.
Abgebildet und beschrieben sind 170 wildwachsende Arten Mitteleuropas und angrenzender Gebiete sowie die in Gärten und Parkanlagen gepflanzten Wildsträucher und Bäume aus aller Welt. – Die große Zahl der gärtnerischen Zuchtformen konnte in diesem Rahmen allerdings nur am Rande berücksichtigt werden.
Außer der Beschreibung der Pflanze, der Blüte und der Frucht, ihrem Vorkommen, Blüte- und Fruchtzeit, werden Inhaltsstoffe, Verwendungsmöglichkeiten und Giftigkeit der Früchte ausführlich besprochen.
Damit der Leser auf einen Blick erkennen kann, ob die reifen **Früchte** der jeweiligen Art giftig, giftverdächtig oder gesundheitsschädigend sind, haben wir hinter dem jeweiligen Artnamen ein deutliches Symbol angebracht:

☠ Giftig, giftverdächtig, gesundheitsschädigend

Auf jeden Fall muß der beschreibende Text sorgfältig durchgelesen werden, bevor irgendeine Art gesammelt und verwendet wird. Auf keinen Fall dürfen unreife Früchte gegessen werden! Auch eßbare Früchte können unausgereift verzehrt zu Gesundheitsschädigungen bzw. Vergiftungen führen!
Bei der Auswahl der Farbaufnahmen wurde auf den ästhetischen Reiz besonderen Wert gelegt, so daß auch der Betrachter und fotografierende Naturfreund auf seine Kosten kommt.

Früchte und Samen

Als Frucht bezeichnet man das Organ der Pflanze, das den oder die Samen bis zur Reife umschließt. Die Ausbildung der Frucht erfolgt auf die Befruchtung einer Blüte. Fruchtbildung ohne vorausgegangene Befruchtung (Parthenokarpie = Jungfernzeugung) ist im Pflanzenreich relativ selten.
Im allgemeinen entwickelt sich die Frucht aus dem Fruchtknoten, der Samen aus der Samenanlage.
Im Vergleich zur Vielfalt der Blüten sind Früchte noch abwechslungsreicher gestaltet. Man kann die folgenden Hauptformen unterscheiden: Einzelfrüchte – Sammelfrüchte – Fruchtstände.

Einzelfrüchte

Einzelfrüchte bilden sich aus einem Fruchtknoten. Die aus der Fruchtknotenwand hervorgehende Fruchtwand (Perikarp) besteht in der Regel aus je einer Außen-, Mittel- und Innenschicht.
Je nachdem ob sich die Früchte bei der Reife öffnen und die Samen ausstreuen oder geschlossen bleiben und als Ganzes abfallen, werden Spring- oder Streufrüchte und Schließfrüchte unterschieden.
Springfrüchte sind meist mehr- bis vielsamig. Man unterscheidet:
Balg aus 1 Fruchtblatt hervorgegangen; öffnet sich an der Verwachsungsstelle (Hahnenfußgewächse)
Hülse aus 1 Fruchtblatt gebildet; öffnet sich an Bauchnaht und Mittelrippe (Schmetterlingsblütler)
Schote geht aus 2 Fruchtblättern hervor, zwischen denen eine falsche Scheinwand entsteht, bei der Fruchtreife lösen sich die Fruchtblätter von dieser ab (Kreuzblütler)
Kapsel bildet sich aus mehr als 2 Fruchtblättern, trockenhäutig, mehrsamig; öffnet sich entweder durch Aufspalten entlang der ursprünglichen Verwachsungsnähte, durch Spaltung in den Mittellinien der Fruchtblätter, die Scheidewände zerbrechend, mit Löchern oder durch einen abspringenden Deckel (Pfaffenhütchen)
Schließfrüchte aus einem oder mehreren Fruchtblättern gebildete Früchte, die als ganze Einheit „aussamen". Zur Reifezeit öffnet sich die Fruchtwand nicht, die Samen bleiben eingeschlossen.
Man unterscheidet:
Nuß trocken; ganze Fruchtwand ein dickwandiges und holziges Gehäuse, das in der Regel einen Samen enthält. Schließfrucht, da sich zur Reifezeit die harte Fruchtwand nicht öffnet (Haselnuß)
Spaltfrucht trocken; zerfällt bei der Reife, den einzelnen Fruchtblättern entsprechend in einsamige Teilfrüchte (Ahorn)
Bruchfrucht trocken; zerfällt in einsamige Kammern, die Teilen mehrerer Fruchtblätter entsprechen: Gliederhülse und Gliederschote
Beere ganze Fruchtwand fleischig, die Samen (meist vielsamig) liegen im Fruchtfleisch (Heidelbeere, Tollkirsche)
Beerenzapfen fleischige Fruchtschuppen sind kugelig verwachsen und schließen bis 3 hartschalige Samen ein (Wacholder)
Steinfrucht meist einsamig; äußerer Teil der Fruchtwand fleischig (Kirsche) oder lederartig bis faserig (Walnuß), innere Schichten bilden einen harten Steinkern

Fruchtformen

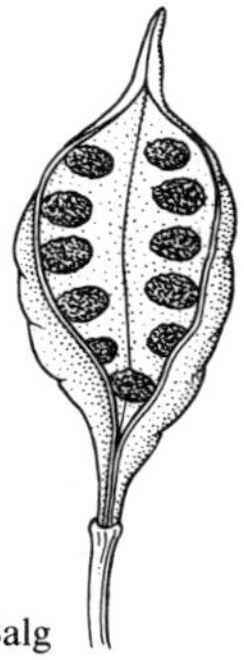

Balg

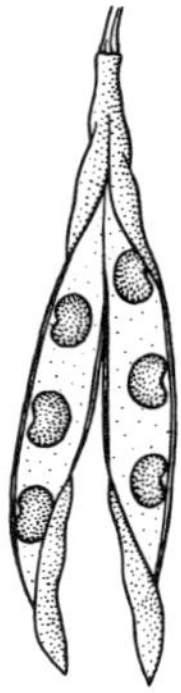

Hülse

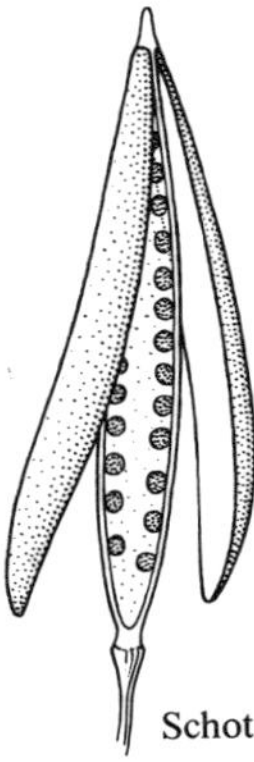

Schote

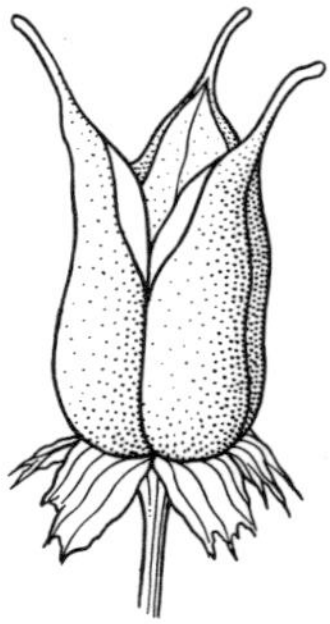

scheidewand-
spaltige Kapsel

Porenkapsel

Deckekapsel

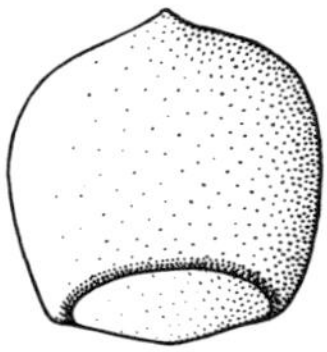

Nuß

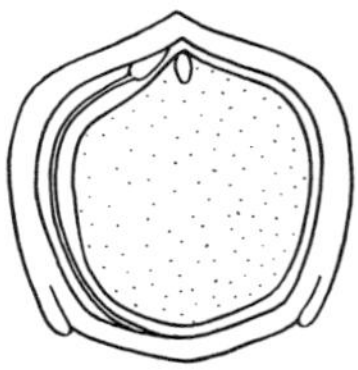

Längsschnitt,
Nuß

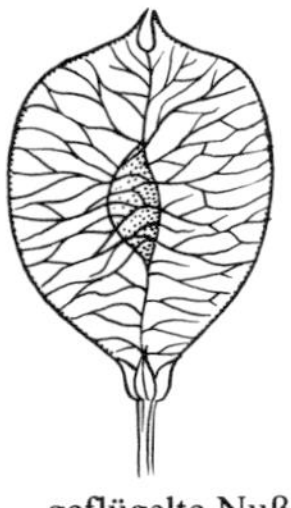

geflügelte Nuß

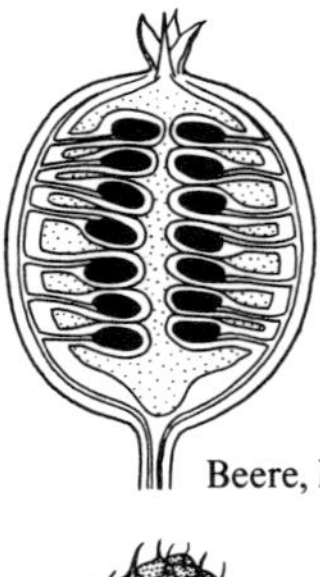

Beere, Längsschnitt

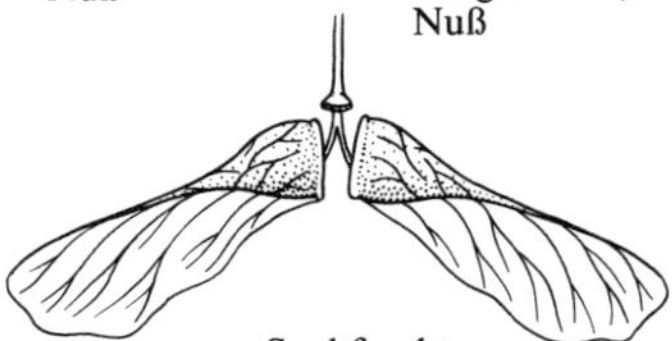

Spaltfrucht

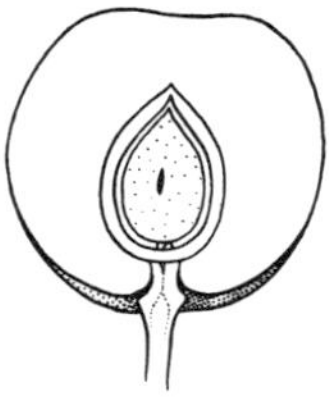

Steinfrucht

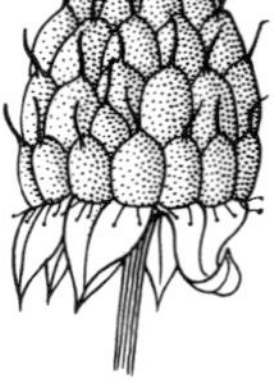

Sammelsteinfrucht

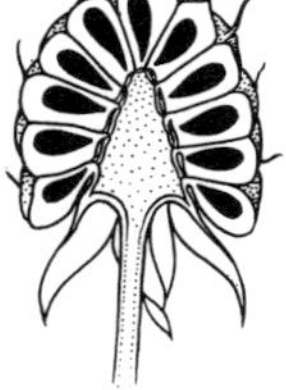

Längsschnitt,
Sammelsteinfrucht

Sammelnußfrucht

Längsschnitt,
Sammelnußfrucht

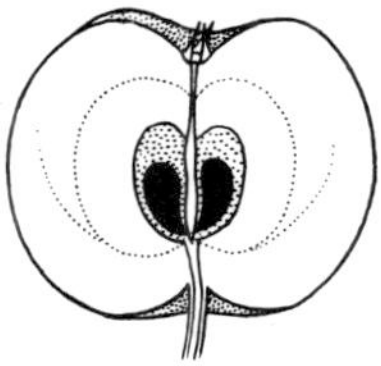

Apfelfrucht,
Längsschnitt

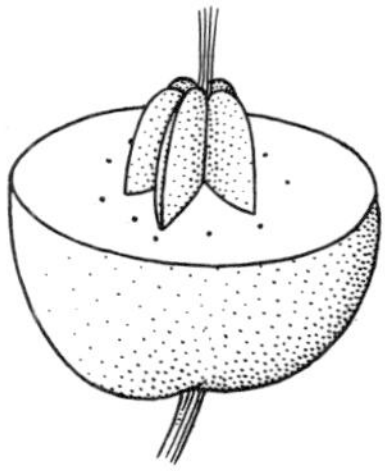

Apfelfrucht,
oberer Teil Gehäuse

Sammelfrüchte (Zusammengesetzte Früchte)

Sammelfrüchte entstehen, wenn die aus einer Blüte hervorgehenden Früchtchen miteinander unter Beteiligung der Blütenachse zu einer einzelfruchtähnlichen „Verbreitungseinheit“ verbunden sind.

Sammelnußfrüchte Erdbeere (Nüßchen sitzen auf der fleischigen Achse), Hagebutte (Nüßchen im Innern der becherartig ausgehöhlten Achse)

Sammelsteinfrüchte die einzelnen Steinfrüchtchen sind auf der kegelförmigen Achse vereinigt (Himbeere, Brombeere)

Apfelfrucht Frucht des Kernobstes. Die pergamentartige Fruchtwand der Einzelfrüchte bildet ein „Gehäuse“, das mit der dickfleischigen Blütenachse verwächst

Fruchtstände

Fruchtstände im engeren Sinn entstehen, wenn die Fruchtstände nicht locker sind (wie bei der Weintraube), sondern so dicht geschlossen, daß sie einer Einzel- oder Sammelfrucht gleichen (Maulbeere).
Fruchtstände im weiteren Sinne sind die aus den gewöhnlichen Blütenständen hervorgegangenen Gemeinschaften von Früchten.

Wildfrüchte als gesunde Kost

Wildfrüchte sind als Frischobst und zur Herstellung von Marmeladen, Gelees, Saft und Fruchtweinen sehr geschätzt. Sie enthalten viele Vitamine, Mineralstoffe, Fruchtsäuren und Invertzucker und liefern dem Körper wichtige Spurenelemente. Ihr Aroma ist wesentlich feiner als das kultivierter Gartenformen.
Hier noch einige wichtige Ratschläge zum Sammeln und Konservieren von Wildbeeren und Wildfrüchten:
Sammeln Sie immer nur Früchte, die Ihnen ganz sicher bekannt sind!
Ernten Sie nur an Stellen, die sauber, staubfrei und frei von schädlichen Umwelteinflüssen sowie Spritzmitteln sind! Sammeln Sie nur ausgereifte Früchte, jedoch keine alten, schon angeschimmelten!
Beeren am besten in Plastikeimern oder Milchkannen sammeln und so schnell wie möglich verwerten!
Beeren enthalten viel Wasser und eignen sich in den meisten Fällen nicht zum Trocknen. Das Sammelgut sollte schnell verarbeitet oder in der Tiefkühltruhe (bei $-18\,°C$) bis zur Weiterverarbeitung konserviert werden!

Gift- und Heilwirkung

Beeren und Wildfrüchte mit giftigen Inhaltsstoffen sind in der Natur relativ häufig anzutreffen. Wer Beeren sammelt, muß daher vor allem die giftigen Arten ganz genau kennen. Die Giftigkeit der verschiedenen Pflanzen schwankt sehr stark; außerdem ist für die Giftwirkung auch die zugeführte Menge und die Konstitution des Patienten maßgebend. Besonders gefährdet sind kleine Kinder, die die leuchtend bunten Beeren gerne in den Mund stecken und essen! Viele unserer Ziersträucher mit leuchtenden Beeren sind recht gefährlich – deshalb sollte auf deren Anpflanzung im Garten und in der Nähe von Kinderspielplätzen verzichtet werden.
Wenn trotz aller Vorsicht eine Vergiftung auftritt oder auch nur der Verdacht einer Vergiftung besteht, muß so schnell wie möglich ein Arzt benachrichtigt werden! Vergiftungsanzeichen sind Brennen im Mund und Hals, Speichelfluß, Übelkeit, Erbrechen, Durchfall, Schwindel, Magenkrämpfe, starke Erregung, Kreislaufschwäche.
Als Sofortmaßnahme sollte draußen in der Natur – wenn keine anderen Hilfsmittel zur Verfügung stehen – sofort mehrmaliges Erbrechen herbeigeführt werden. (Pflanzenreste und Erbrochenes sind zur Untersuchung aufzubewahren!) Bewußtlose müssen in Seitenlage gebracht werden, da sie sonst u. U. an Erbrochenem ersticken können. Stark erregte Personen müssen beruhigt werden.
Wir haben bei den Beschreibungen der einzelnen Arten durch ein Symbol besonders auf die Giftigkeit aufmerksam gemacht! Im Gegensatz dazu sind viele Giftstoffe als Arzneimittel in der richtigen Dosierung in der Hand des Arztes wertvolle Heilmittel. So müssen also viele Pflanzen und ihre Früchte als giftig bezeichnet werden, die – richtig angewandt – gegen verschiedene Krankheiten und Leiden hervorragend wirksam sind. Der große Arzt und Botaniker Paracelsus hat schon im Mittelalter diese Zusammenhänge in seinem berühmten Satz aufgezeigt: „Alle Dinge sind Gift und nichts ohne Gift, allein die Dosis macht, daß ein Ding kein Gift ist. Wenn ihr jedes Gift wollt recht auslegen, was ist, das nicht Gift ist?“
Die Vorliebe für unsere aromatischen Wildfrüchte und gesunden Wildkräuter sowie unser Wissen um deren Wirksamkeit bei Erkrankungen darf aber nicht zur unkontrollierten Selbstbehandlung führen – im Krankheitsfall sollte man immer einen Arzt aufsuchen!

Naturschutz

Zur Erhaltung auffallend schöner und seltener Arten wurden in allen europäischen Ländern Naturschutzbestimmungen erlassen, die das Abpflücken geschützter Pflanzen oder das Zerstören ihrer Standorte verbieten. Jeder Natur- und Pflanzenfreund sollte auch diejenigen Arten schützen, die an einem Standort nur noch in einzelnen Exemplaren vorhanden sind und deren lokale Existenz damit gefährdet ist. Wer gewerbsmäßig Pflanzen oder Pflanzenteile sammelt, muß dafür eine Genehmigung der zuständigen Naturschutzbehörde haben.
Wildfrüchte werden gerne von Tieren gefressen und so über deren Exkremente weiterverbreitet. Sträucher und Bäume bieten aber nicht nur Nahrung, sondern auch ausgezeichneten Schutz für Vögel und kleinere Tiere. Wildhecken haben somit als Zufluchtsorte große Bedeutung und geben obendrein jeder Landschaft einen besonderen Reiz.

Systematik

(Zusammenstellung der berücksichtigten Arten)

Bei den deutschen Pflanzennamen mußten oft erhebliche regionale Unterschiede berücksichtigt werden. In der Regel wurden die in den bekannten Exkursionsfloren (s. Literaturverzeichnis) geführten deutschen und lateinischen Namen verwendet. Bei den wissenschaftlichen (botanischen) Namen wurde auf ältere Bezeichnungen (Synonyme) meist verzichtet.

Ginkgogewächse (Ginkgoaceae)
Ginkgo-Baum *(Ginkgo biloba)*

Zypressengewächse (Cupressaceae)
Sadebaum, Stinkwacholder, Sebenbaum *(Juniperus sabina)*
Wacholder, Reckholder, Machandel *(Juniperus communis)*
Zwerg-Wacholder *(Juniperus sibirica = J. nana)*
Zedern-Wacholder *(Juniperus oxycedrus)*
Phönizischer Wacholder *(Juniperus phoenicea)*
Virginischer Wacholder, Virginische Zeder *(Juniperus virginiana)*

Eibengewächse (Taxaceae)
Eibe, Gemeine Eibe, Beereneibe *(Taxus baccata)*

Lorbeergewächse (Lauraceae)
Lorbeer *(Laurus nobilis)*

Hahnenfußgewächse (Ranunculaceae)
Christophskraut, Ähriges Christophskraut *(Actaea spicata)*

Berberitzengewächse (Berberidaceae)
Berberitze, Sauerdorn, Dreidorn *(Berberis vulgaris)*
Thunbergs Berberitze *(Berberis thunbergii)*
Julianes Berberitze *(Berberis julianae)*
Korea-Berberitze *(Berberis koreana)*
Mahonie, Stechdornblättrige Mahonie *(Mahonia aquifolium)*

Buchengewächse (Fagaceae)
Rotbuche, Buche *(Fagus sylvatica)*
Edelkastanie, Eßkastanie *(Castanea sativa)*
Stiel-Eiche *(Quercus robur)*
Kermes-Eiche, Stech-Eiche *(Quercus coccifera)*
Stein-Eiche *(Quercus ilex)*
Rot-Eiche *(Quercus rubra)*

Haselnußgewächse (Corylaceae)
Haselnußstrauch, Haselnuß, Hasel *(Corylus avellana)*
Baum-Hasel *(Corylus colurna)*
Lambertsnuß *(Corylus maxima)*

Maulbeergewächse (Moraceae)
Weißer Maulbeerbaum *(Morus alba)*
Schwarzer Maulbeerbaum *(Morus nigra)*
Feigenbaum *(Ficus carica)*

Walnußgewächse (Juglandaceae)
Walnußbaum *(Juglans regia)*

Johannisbeergewächse (Grossulariaceae)
Stachelbeere *(Ribes uva-crispa)*
Schwarze Johannisbeere *(Ribes nigrum)*
Rote Johannisbeere, Ribisel *(Ribes rubrum)*
Alpen-Johannisbeere *(Ribes alpinum)*
Blut-Johannisbeere *(Ribes sanguineum)*
Gold-Johannisbeere, Gelbe Johannisbeere *(Ribes aureum)*

Rosengewächse (Rosaceae)
Schwarze Zwergmispel *(Cotoneaster melanocarpa)*
Filzige Zwergmispel *(Cotoneaster tomentosa)*
Gewöhnliche Zwergmispel *(Cotoneaster integerrima)*
Frühe Zwergmispel, Nan Shan-Zwergmispel *(Cotoneaster praecox)*
Peking-Zwergmispel *(Cotoneaster acutifolius)*
Teppich-Zwergmispel *(Cotoneaster dammeri)*
Sparrige Zwergmispel *(Cotoneaster divaricatus)*
Fächer-Zwergmispel *(Cotoneaster horizontalis)*
Kleinblättrige Zwergmispel *(Cotoneaster microphyllus)*
Weidenblättrige Zwergmispel *(Cotoneaster salicifolius)*
Quitte *(Cydonia oblonga)*
Japanische Scheinquitte *(Chaenomeles japonica)*
Wilder Birnbaum, Holz-Birne *(Pyrus pyraster)*
Weidenblättrige Birne *(Pyrus salicifolius)*
Holz-Apfel *(Malus sylvestris)*
Sargents Zierapfel *(Malus sargentii)*
Toringo-Apfel *(Malus sieboldii)*
Pflaumenblättriger Apfelbaum *(Malus prunifolia)*
Eberesche, Vogelbeere *(Sorbus aucuparia)*
Speierling, Sperberbaum *(Sorbus domestica)*
Zwerg-Vogelbeere *(Sorbus chamaemespilus)*
Mehlbeerbaum, Silberbaum *(Sorbus aria)*
Elsbeere, Ruhrbirne *(Sorbus torminalis)*
Mougeot's Mehlbeere *(Sorbus mougeotii)*
Zweigriffliger Weißdorn *(Crataegus oxyacantha = C. laevigata)*
Eingriffliger Weißdorn *(Crataegus monogyna)*
Hahnendorn-Weißdorn *(Crataegus crus-galli)*
Scharlachdorn *(Crataegus pedicellata = C. coccinea)*
Ungarischer Weißdorn *(Crataegus nigra)*
Feuerdorn *(Pyracantha coccinea)*
Japanische Mispel *(Eriobotrya japonica)*
Mispel, Echte Mispel *(Mespilus germanica)*
Felsenbirne, Ovalblättrige Felsenmispel *(Amelanchier ovalis)*
Kupfer-Felsenbirne *(Amelanchier lamarckii)*
Steinbeere *(Rubus saxatilis)*
Himbeere *(Rubus idaeus)*

Acker-Brombeere *(Rubus caesius)*
Brombeere *(Rubus fruticosus agg.)*
Zimt-Himbeere, Wohlriechende Himbeere *(Rubus odoratus)*
Wald-Erdbeere *(Fragaria vesca)*
Indische Scheinerdbeere *(Fragaria indica)*
Essig-Rose, Gallische Rose *(Rosa gallica)*
Filz-Rose *(Rosa tomentosa)*
Hunds-Rose, Hecken-Rose *(Rosa canina)*
Wein-Rose *(Rosa rubiginosa = R. eglanteria)*
Rotblättrige Rose *(Rosa glauca = R. rubrifolia)*
Bibernell-Rose *(Rosa pimpinellifolia = R. spinosissima)*
Alpen-Hagrose, Gebirgs-Rose *(Rosa pendulina)*
Kartoffel-Rose, Runzel-Rose *(Rosa rugosa)*
Traubenkirsche, Ahlkirsche *(Prunus padus)*
Schlehdorn, Schwarzdorn, Schlehe *(Prunus spinosa)*
Pfirsich *(Prunus persica)*
Aprikose *(Prunus armeniaca)*
Felsenkirsche, Steinweichsel *(Prunus mahaleb)*
Süßkirsche, Vogelkirsche *(Prunus avium)*
Zwerg-Kirsche *(Prunus fruticosa)*
Zwerg-Mandelbaum *(Prunus tenella = P. nana)*
Kirschlorbeer, Lorbeerkirsche *(Prunus laurocerasus)*

Ölweidengewächse (Elaeagnaceae)
Sanddorn, Seedorn, Meerdorn, Stranddorn *(Hippophaë rhamnoides)*
Schmalblättrige Ölweide *(Elaeagnus angustifolia)*

Roßkastaniengewächse (Hippocastanaceae)
Roßkastanie *(Aesculus hippocastanum)*

Pimpernußgewächse (Staphyleaceae)
Gewöhnliche Pimpernuß *(Staphylea pinnata)*

Stechpalmengewächse (Aquifoliaceae)
Stechpalme, Hülse *(Ilex aquifolium)*

Spindelbaumgewächse (Celastraceae)
Pfaffenhütchen, Spindelbaum *(Euonymus europaea)*
Warzen-Pfaffenhütchen *(Euonymus verrucosa)*
Breitblättriges Pfaffenhütchen *(Euonymus latifolia)*

Kreuzdorngewächse (Rhamnaceae)
Faulbaum, Pulverholz *(Frangula alnus)*
Kreuzdorn, Purgier-Kreuzdorn *(Rhamnus cathartica)*
Felsen-Kreuzdorn *(Rhamnus saxatilis)*
Immergrüner Kreuzdorn *(Rhamnus alaternus)*
Alpen-Kreuzdorn *(Rhamnus alpina)*

Weinrebengewächse (Vitaceae)
Weinrebe, Weinstock *(Vitis vinifera)*
Dreilappige Jungfernrebe *(Parthenocissus tricuspidata)*
Fünfblättrige Zaunrebe, Wilder Wein *(Parthenocissus quinquefolia)*

Buchsbaumgewächse (Buxaceae)
Gemeiner Buchsbaum, Immergrüner Buchsbaum *(Buxus sempervirens)*

Mistelgewächse (Loranthaceae)
Mistel, Laubholz-Mistel *(Viscum album)*

Hartriegelgewächse (Cornaceae)
Kornelkirsche, Gelber Hartriegel, Herlitze *(Cornus mas)*
Roter Hartriegel, Roter Hornstrauch *(Cornus sanguinea)*
Weißer Hartriegel *(Cornus alba)*

Efeugewächse (Araliaceae)
Efeu *(Hedera helix)*

Johanniskrautgewächse (Hypericaceae)
Blut-Johanniskraut, Mannsblut *(Hypericum androsaemum)*

Kürbisgewächse (Cucurbitaceae)
Weiße Zaunrübe, Schwarzbeerige Zaunrübe *(Bryonia alba)*
Rotbeerige Zaunrübe, Zweihäusige Zaunrübe *(Bryonia dioica)*

Seidelbastgewächse (Thymelaeaceae)
Lorbeer-Seidelbast *(Daphne laureola)*
Seidelbast, Kellerhals *(Daphne mezereum)*

Heidekrautgewächse (Ericaceae)
Bärentraube, Immergrüne Bärentraube *(Arctostaphylos uva-ursi)*
Preiselbeere, Kronsbeere, Grante *(Vaccinium vitis-idaea)*
Heidelbeere, Blaubeere, Schwarzbeere *(Vaccinium myrtillus)*
Rauschbeere, Trunkelbeere, Moorbeere *(Vaccinium uliginosum)*
Moosbeere, Krähenbeere, Torfbeere *(Oxycoccus palustris)*
Erdbeerbaum *(Arbutus unedo)*
Scheinbeere *(Gaultheria procumbens)*

Krähenbeerengewächse (Empetraceae)
Schwarze Krähenbeere *(Empetrum nigrum)*

Nelkengewächse (Caryophyllaceae)
Beeren-Taubenkropf, Hühnerbiß *(Cucubalus baccifer)*

Kermesbeerengewächse (Phytolaccaceae)
Amerikanische Kermesbeere *(Phytolacca americana)*
Asiatische Kermesbeere *(Phytolacca acinosa)*

Geißblattgewächse (Caprifoliaceae)
Zwerg-Holunder, Attich, Eppich *(Sambucus ebulus)*
Schwarzer Holunder, Holder *(Sambucus nigra)*
Trauben-Holunder, Roter Holunder *(Sambucus racemosa)*
Gemeiner Schneeball *(Viburnum opulus)*
Wolliger Schneeball, Schlingbaum *(Viburnum lantana)*
Runzel-Schneeball, Immergrüner Schneeball *(Viburnum rhytidophyllum)*
Schneebeere *(Symphoricarpos rivularis)*
Garten-Geißblatt, Jelängerjelieber *(Lonicera caprifolium)*
Wald-Geißblatt, Windendes Geißblatt *(Lonicera periclymenum)*

Rote Heckenkirsche, Gemeine Heckenkirsche *(Lonicera xylosteum)*
Tataren-Heckenkirsche *(Lonicera tatarica)*
Schwarze Heckenkirsche *(Lonicera nigra)*
Blaue Heckenkirsche *(Lonicera coerulea)*
Alpen-Heckenkirsche *(Lonicera alpigena)*
Maack's Heckenkirsche *(Lonicera maackii)*

Ölbaumgewächse (Oleaceae)
Liguster, Gemeiner Liguster, Rainweide *(Ligustrum vulgare)*
Ölbaum *(Olea europaea)*
Breitblättrige Steinlinde *(Phillyrea latifolia)*

Nachtschattengewächse (Solanaceae)
Alraune *(Mandragora autumnalis)*
Giftbeere *(Nicandra physaloides)*
Gemeiner Bocksdorn, Teufelszwirn *(Lycium halimifolium = L. barbarum)*
Tollkirsche, Schwarze Tollkirsche *(Atropa belladonna)*
Judenkirsche, Blasenkirsche *(Physalis alkekengi)*
Bittersüßer Nachtschatten, Bittersüß *(Solanum dulcamara)*
Schwarzer Nachtschatten *(Solanum nigrum)*

Liliengewächse (Liliaceae)
Stechwinde *(Smilax aspera)*
Spargel *(Asparagus officinalis)*
Strauchiger Spargel, Lianenspargel *(Asparagus acutifolius)*
Stechender Mäusedorn, Dornmyrte *(Ruscus aculeatus)*
Schattenblume, Zweiblättrige Schattenblume *(Maianthemum bifolium)*
Quirlblättrige Weißwurz *(Polygonatum verticillatum)*
Vielblütige Weißwurz, Wald-Weißwurz *(Polygonatum multiflorum)*
Wohlriechende Weißwurz, Salomonssiegel *(Polygonatum odoratum)*
Stengelumfassender Knotenfuß *(Streptopus amplexifolius)*
Maiglöckchen, Maiblume *(Convallaria majalis)*
Einbeere, Vierblättrige Einbeere *(Paris quadrifolia)*

Schmerwurzgewächse (Dioscoreaceae)
Schmerwurz *(Tamus communis)*

Aronstabgewächse (Araceae)
Drachenwurz, Schlangenkraut *(Calla palustris)*
Aronstab, Gefleckter Aronstab, Zehrwurz *(Arum maculatum)*
Italienischer Aronstab *(Arum italicum)*

Erklärung der wichtigsten Blattformen

Arten der Blätter

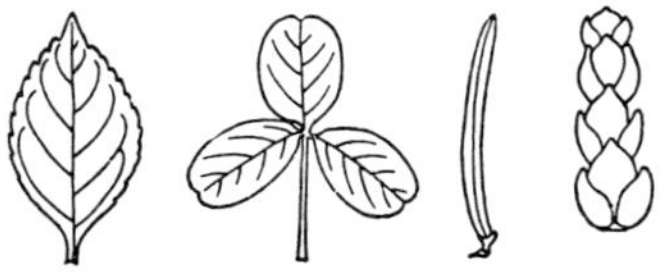

einfach, zusammengesetzt, nadelförmig, schuppenförmig

Blattgrund

keilförmig, abgerundet, abgestutzt

Spitze des Blattes

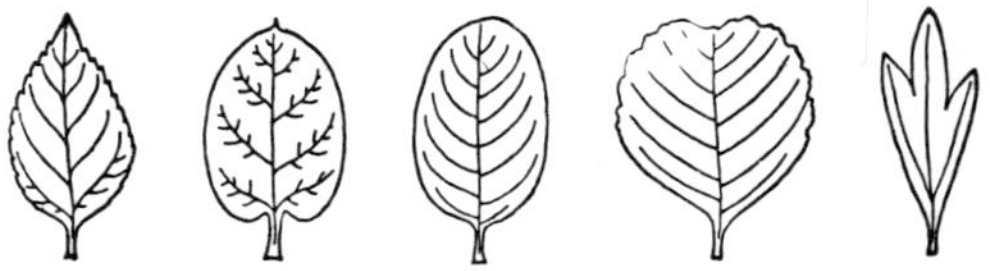

spitz, stachelspitzig, angerundet, abgestutzt, eingeschnitten

Blattrand

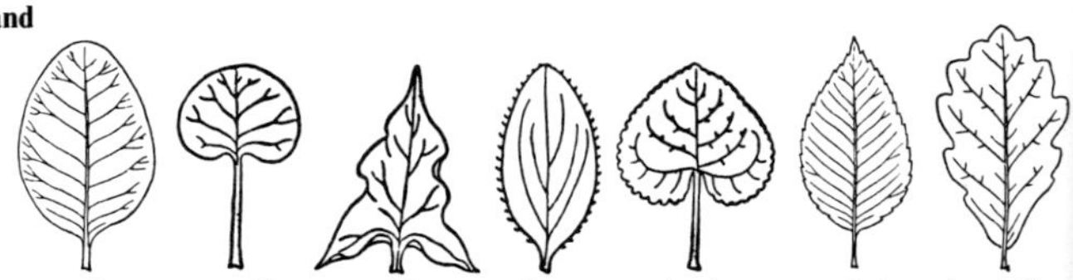

ganzrandig, ganzrandig, wellig, gewimpert, gekerbt, gesägt, buchtig

Teilung des Blattes

fiederteilig, paarig gefiedert, unpaarig gefiedert, doppelt gefiedert, handförmig gelappt, handförmig gefingert

langgestielt, kurzgestielt

Blattstellung

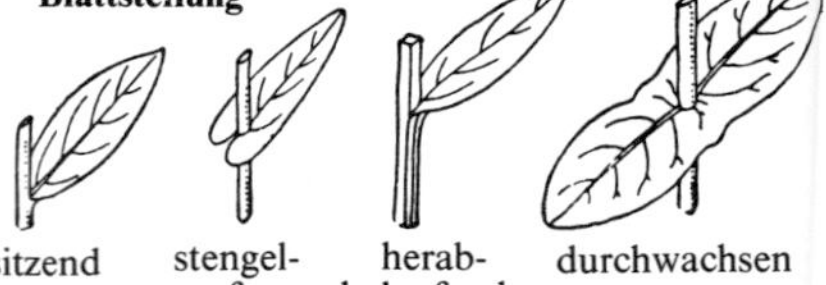

sitzend, stengelumfassend, herablaufend, durchwachsen

Wildbeeren – Wildfrüchte

Ginkgo-Baum ***Ginkgo biloba***
Ginkgogewächse *(Ginkgoaceae)*

10–30 m hoher, sommergrüner, zweihäusiger Baum. Krone schlank aufrecht, mit kurzen Ästen, im Alter mehr ausgebreitet. Laubblätter dunkelgrün, lederartig, fächerförmig, dicht fächerförmig genervt, in der Mitte ± tief gelappt, langgestielt. Männliche Blüten kätzchenartig, weibliche gestielt mit je 2 Samenanlagen.
Blütezeit: April.
Frucht: Steinfruchtartig, kugelig bis pflaumenförmig, saftig, 2,5–3 cm dick, erst grün, dann gelb, später braun mit unangenehmem Geruch. Steinkern eßbar, wohlschmeckend. Fruchtreife Oktober.
Vorkommen: Heimat China. In Ostasien als Tempelbaum verbreitet. 1727 nach Europa gebracht und als winterharter Park- und Alleebaum gepflanzt.
Inhaltsstoffe: In den Blättern Flavonglykoside.
Verwendung: Alte chinesische Heilpflanze. Alkoholische Auszüge von Blättern bei Durchblutungsstörungen.
Bemerkung: Der Ginkgo-Baum ist die letzte Art einer großen Pflanzengruppe, die vor 200 Millionen Jahren weltweit verbreitet war.

Sadebaum, Stinkwacholder, Sebenbaum ***Juniperus sabina***
Zypressengewächse *(Cupressaceae)* ☠

Bis 2 m hoher, immergrüner, vielästiger, niedergestreckter, zweihäusiger Strauch. Die Laubblätter junger Pflanzen sind nadelförmig, später schuppenförmig ausgebildet. Der ganze Strauch riecht unangenehm.
Blütezeit: April–Mai.
Frucht: Kugelige bis eiförmige, leicht abgeplattete, ca. 5 mm große Beerenzapfen an gekrümmten Stielen; erst grünlich, bei der Reife im nächsten Frühjahr blauschwarz, bereift. Die giftigen Beerenzapfen enthalten 1–4 eiförmige, glänzend braune Samen.
Vorkommen: In den Alpen an heißen, trockenen Berghängen. Geschützt. Verbreitung: Pyrenäen, Alpen, Apennin, Karpaten, Kaukasus, Zentralasien. Seit alter Zeit in Bauerngärten gepflanzt. In verschiedenen Varianten kultiviert. In Kultur auch baumförmig.
Inhaltsstoffe: Die ganze Pflanze enthält ätherische Öle, Gerbstoff, Bitterstoff und Harz. Das sehr giftige ätherische Öl und der Saft der giftigen Früchte haben äußerlich und innerlich eine starke Reizwirkung. Der Gebrauch der Zweige als Abortivum führt zu schweren Nierenschädigungen, oft mit tödlichem Ausgang.

Wacholder, Reckholder, Machandel *Juniperus communis*
Zypressengewächse *(Cupressaceae)*

2–5 (–12) m hoher, von Grund auf verzweigter, zweihäusiger, säulenförmiger Strauch oder Baum. Laubblätter nadelförmig, 8–20 mm lang, hart, spitz, meist in dreizähligen Quirlen. Männliche und weibliche Blüten unscheinbar, klein.
Blütezeit: April–Mai.
Frucht: Schwarzbraune, bläulich bereifte, kugelig-eiförmige, 4–9 mm große Beerenzapfen, die erst im 2. Jahr reifen. Geschmack süßlich und aromatisch. Samen hellbräunlich, länglich, mit harter Schale. Als Gewürz in kleinen Mengen eßbar.
Vorkommen: In lichten, trockenen Wäldern, auf Heiden und Magerweiden. Stellenweise geschützt. Allgemeine Verbreitung: Europa, Nordafrika, Asien.
Inhaltsstoffe: Die Beeren enthalten ätherische Öle, Gerbstoffe, Harz, Invertzucker. Sie wirken nierenreizend und sollten deshalb von Nierenkranken gemieden werden.
Verwendung: Beeren als Küchengewürz, zur Herstellung von Wacholderschnäpsen und Wacholderspiritus, der als Einreibemittel bei Erkältungen und rheumatischen Erkrankungen dient. Holz und Zweige zum Räuchern von Wacholderschinken.

Zwerg-Wacholder ***Juniperus sibirica (J. nana)***
Zypressengewächse *(Cupressaceae)*

Niederliegender, bis 1 m hoher, immergrüner, zweihäusiger Strauch. Zweige kurz und dick. Blätter nadelförmig, 5–10 mm lang, ca. 1,5 mm breit, kurz zugespitzt, oft einwärtsgebogen, dem Zweig ± anliegend. Männliche und weibliche Blütenstände unscheinbar.
Blütezeit: Mai–Juni.
Frucht: Beerenzapfen länger als dick, zunächst grün, bei der Reife schwarzblau, bereift. Geruch beim Zerreiben sehr würzig. Fruchtreife erst im 2. oder 3. Jahr nach der Blüte. Nicht genießen!
Vorkommen: In den Alpen auf sonnigen Magerweiden und im Zwergstrauchgebüsch meist zwischen 1 500 und 2 500 m. Oft in dichten Teppichen. Allgemeine Verbreitung: Eurosibirisch-nordamerikanische Pflanze. In verschiedenen Sorten für kleine Gärten, Grab- und Trogbepflanzungen kultiviert.
Inhaltsstoffe: In allen Teilen ätherisches Öl.
Verwendung: In der Volksheilkunde ist ein alkoholischer Auszug aus den Beeren als Einreibemittel gegen Gicht und rheumatische Erkrankungen hoch geschätzt.

Zedern-Wacholder ***Juniperus oxycedrus***
Zypressengewächse *(Cupressaceae)*

1–8 m hoher, immergrüner, reich verzweigter Strauch oder Baum. Blätter nadelförmig, 15–20 mm lang, zu 3 in Quirlen, hart, spitzig, oberseits mit 2 weißlichen Streifen.
Blütezeit: März–April.
Frucht: Kugelige, 6–10 mm große, zuerst grüne, bei der Reife im 2. Jahr rotbraune Beerenzapfen. Nicht genießen! Eßbarkeit nicht bekannt.
Vorkommen: Häufig in den Macchien und Garigues des Mittelmeergebietes. Allgemeine Verbreitung: Südeuropa, Nordafrika, Vorderasien.
Verwendung: Obwohl der Zedern-Wacholder nicht als Waldbaum zu bezeichnen ist, spielt er bei der Neubewaldung von trockenen Felsheiden und Dünen eine wichtige Rolle. Das sehr harte Holz und die Zweige liefern den früher als Kadeöl bekannten Wacholderteer. Er wurde in Salben und Linimenten bei Rheumatismus, Gicht, Krätze, Schuppenflechte und als Zusatz zu Haarwässern und Seifen verwendet.
Bemerkung: Die großfrüchtige Unterart ssp. *macrocarpa* hat 12–15 mm große Beerenzapfen.

Phönizischer Wacholder ***Juniperus phoenicea***
Zypressengewächse *(Cupressaceae)* ☠

1–8 m hoher, immergrüner, dichter Strauch oder kleiner Baum. Blätter dunkelgrün, ca. 1 mm lang, stumpf, mit einer Drüsenfurche auf dem Rücken, in 4–6 Reihen dicht gestellt. Blätter von Jungpflanzen nadelförmig, abstehend, 5–14 mm lang. Blüten unscheinbar.
Blütezeit: Februar–April.
Frucht: Kugelige, 6–15 mm große, erst grüne, bei der Reife im 2. Jahr sich dunkelrot färbende Beerenzapfen. Früchte nicht genießen!
Vorkommen: Der Phönizische Wacholder gehört zusammen mit dem Zedern-Wacholder zum eumediterranen Florenelement. Das sind Pflanzen, die fast im ganzen Mittelmeergebiet verbreitet sind. Er bevorzugt felsige, trockene, kalkhaltige Standorte.
Verwendung: Spielt bei der Wiederaufforstung besonders sandiger Küstenstriche zur Vorbereitung des Geländes für anspruchsvollere Gehölze eine wichtige Rolle. Das harte, widerstandsfähige Holz diente früher als Bauholz.

Virginischer Wacholder, Virginische Zeder *Juniperus virginiana*

Zypressengewächse *(Cupressaceae)* ☠

Bis 30 m hoher, schmalkroniger, immergrüner Baum. In Kultur auch strauchförmig. Benadelung sehr variabel, 2- bis 4reihig, bald kreuzweise gegenständig, bald dreiquirlig, lanzettlich-pfriemlich oder fast dornig-stachelig, die jüngeren dachziegelig angedrückt; beim Zerreiben aromatisch duftend.

Blütezeit: April–Mai.

Frucht: Beerenzapfen auf Kurztrieben, eiförmig oder kugelig, bis 6 mm groß, braunviolett, blauweiß bereift. Giftig!

Vorkommen: Heimisch im östlichen Nordamerika. In zahlreichen Kultursorten als Zierbaum und Zierstrauch gepflanzt. Abgebildet ist die Sorte ‚Grey Owl'.

Inhaltsstoffe: Im Holz und in den Nadeln ätherisches Öl.

Verwendung: Das Holz zur Herstellung von Bleistiften und Zigarrenkisten. Zedernholzöl wird in der Mikroskopie und zum Parfümieren von Seifen und kosmetischen Erzeugnissen verwendet. Der Mißbrauch des Virginischen Wacholders als Abortivum führt zu schweren Vergiftungen mit oft tödlichem Ausgang.

Eibe, Gemeine Eibe, Beereneibe *Taxus baccata*
Eibengewächse *(Taxaceae)* ☠

2–20 m hoher, immergrüner, zweihäusiger Strauch oder Baum. Laubblätter nadelförmig, flach, 2–3,5 cm lang, oberseits dunkelgrün, glänzend, unterseits hellgrün, matt, kurz stachelspitzig. Männliche Blüten in kleinen, kugeligen Kätzchen, weibliche unscheinbar, einzeln.
Blütezeit: März–April.
Frucht: Scharlachrote Scheinbeere. Der becherförmige, saftige, etwas schleimige, süß schmeckende, eßbare Mantel umschließt einen holzigen, schwarzbraunen, sehr giftigen Samen. Fruchtreife Oktober.
Vorkommen: Selten in Laub- und Nadelwäldern der Mittelgebirge und Alpen. Geschützt. In vielen Kulturformen in Gärten und Parks angepflanzt.
Inhaltsstoffe: Die Eibe enthält in allen Teilen mit Ausnahme des roten Samenmantels sehr giftige Alkaloide. 50–100 Nadeln gelten für den Menschen als tödlich.
Verwendung: Das harte und zähe Holz wurde seit der Steinzeit zur Herstellung von Schießbögen verwendet. Es eignet sich hervorragend zu Schnitzarbeiten. Aus Eibensaft wurden Pfeilgifte hergestellt.

Lorbeer ***Laurus nobilis***
Lorbeergewächse *(Lauraceae)*

Bis 20 m hoher, immergrüner, zweihäusiger Strauch oder Baum. Rinde schwarz. Laubblätter lanzettlich, 5–15 cm lang, dunkelgrün, lederig, mit aromatischem Geruch und Geschmack. Blüten 4zählig, klein, gelblich, in rispigen Blütenständen in den Blattachseln.
Blütezeit: März–April.
Frucht: Eiförmige bis fast kugelige, erst grüne, dann blauschwarze, runzelige, bis 2 cm lange Steinfrucht mit kurzem Stiel. Geruch und Geschmack aromatisch, herb. Als appetitanregendes Mittel in kleinen Mengen genießbar.
Vorkommen: Heimisch im Mittelmeergebiet und Kleinasien. Im Mittelmeerraum bis zum Südrand der Alpen kultiviert. Bei uns nur als Kübelpflanze gezogen.
Inhaltsstoffe: In der Frucht 1–4% ätherisches Öl und bis 30% fettes Öl. Ferner Stärke, Gummi und Zucker. In den Blättern ätherisches Öl (1–3%).
Verwendung: Die Früchte wurden früher als appetitanregendes Mittel und in der Tiermedizin verwendet. Die Blätter sind als Küchengewürz geschätzt. Außerdem werden sie in der Likörindustrie verarbeitet.

Christophskraut, Ähriges Christophskraut ***Actaea spicata***
Hahnenfußgewächse *(Ranunculaceae)* ☠

Bis 70 cm hohe, ausdauernde Staude mit kräftigem Wurzelstock. Stengel aufrecht, mehr oder weniger verzweigt. Laubblätter groß, dreizählig. Blüten klein, kurz gestielt, weiß, in dichten end- oder achselständigen, gestielten Trauben.
Blütezeit: Mai–Juni.
Frucht: Zuerst grüne, später glänzend schwarze, eiförmige, etwa 1 cm lange, mehrsamige, giftige Beeren. Samen in 2 Reihen, 4 mm breit, braun, halbkreisförmig, flachgedrückt. Vogelverbreitung.
Vorkommen: In schattigen Bergwäldern, Schluchtwäldern und krautreichen Buchen-Mischwäldern.
Inhaltsstoffe: Die Beeren enthalten einen protoanemoninartigen Stoff (?), der auf der Haut Rötung und Blasenbildung erzeugt; innerlich bewirken sie Darmentzündungen, Atemnot und Delirien.
Verwendung: Die Wurzel wurde früher innerlich als Brech- und Abführmittel und äußerlich gegen Hautkrankheiten verwendet. Sie wirkt bei Überdosierung giftig und wird deshalb heute abgelehnt.

Berberitze, Sauerdorn, Dreidorn ***Berberis vulgaris***
Berberitzengewächse *(Berberidaceae)*

1–3 m hoher, winterkahler Strauch mit 1–7teiligen Dornen an den Langtrieben, in deren Achseln Kurztriebe stehen mit Büscheln von ovalen, derben, grannig gezähnten Laubblättern. Blüten gelb, in einfachen, vielblütigen, hängenden Trauben mit intensivem Geruch.
Blütezeit: Mai–Juni.
Frucht: Rote, walzenförmige, 8–11 mm lange Beeren mit 2–3 Samen von 5–6 mm Länge. Geschmack sehr sauer. Fruchtreife: August–September.
Vorkommen: In trockenen Gebüschen und Wäldern. Verbreitung: Europa-Westasien. Der Strauch ist Zwischenwirt des Getreiderostes und wurde deshalb vielerorts ausgerottet.
Inhaltsstoffe: Die Beeren enthalten Vitamin C, Fruchtsäuren, Zucker und Mineralstoffe. Die Blätter und besonders die Wurzelrinde enthalten giftige Alkaloide wie Berberin, Oxyberberin, Bervulcin.
Verwendung: Aus Beeren bereitet man Saft, Sirup und Marmeladen. Blätter und Wurzelrinde bei Leber- und Galleerkrankungen. Der gelbe Farbstoff der Wurzeln diente früher zum Färben von Leder, Wolle, Seide und Holz.

Thunbergs Berberitze ***Berberis thunbergii***
Berberitzengewächse *(Berberidaceae)*

50–150 cm hoher, sommergrüner, dicht verzweigter Strauch. Triebe rotbraun, mit einfachen Dornen. Holz gelb gefärbt. Laubblätter 1–3 cm lang, verkehrt-eiförmig bis spatelförmig, ganzrandig, oberseits frischgrün, unterseits grün oder bläulichgrün, im Herbst leuchtend gelb-orange bis scharlachrot gefärbt. Blüten einzeln oder zu 2–5 in Büscheln, gelb, außen oft etwas gerötet, mit intensivem Geruch.
Blütezeit: Mai.
Frucht: Beeren walzlich-länglich, bis 1 cm lang, glänzend scharlachrot. Stiele dünn. Mit 1–2 länglichen Samen. Früchte nicht genießen! Sie bleiben bis zum Winter an den Zweigen hängen.
Vorkommen: Heimat Japan. Seit 1883 in Kultur. Thunbergs Berberitze ist anspruchslos an Boden und Standort, frosthart, ausgezeichnet schnittverträglich und in hohem Maß industrie- und rauchfest. Sie wird in vielen Kulturformen in Gärten und Parkanlagen gepflanzt.

Julianes Berberitze *Berberis julianae*
Berberitzengewächse *(Berberidaceae)* ☠

1,5–2,5 m hoher, aufrechter Strauch. Zweige graugelb, gefurcht. Dornen am Stengel dreiteilig, bis 4 cm lang. Laubblätter immergrün, länglich, 6–8 cm lang, bis 2,5 cm breit, an jeder Seite mit 12–20 dornigen Zähnen, derb, ledrig, oberseits dunkelgrün, glänzend, unterseits blaßgrün, genervt. Blüten bis 1 cm im Durchmesser, gelb, außen bisweilen etwas gerötet, zu 8–15 in Büscheln.
Blütezeit: Mai–Juni.
Frucht: Beeren länglich, blauschwarz, bereift, an dünnen 1–2 cm langen Stielen. Samen länglich, schwarz. Früchte nicht genießen! Bleiben lange an den Zweigen hängen. Fruchtreife Oktober.
Vorkommen: Heimat Mittel-China. Seit 1907 in Kultur. Julianes Berberitze ist eine der härtesten, wintergrünen Sauerdorn-Arten. Sie entwickelt sich im Garten oder Park in Solitärstellung zu einem repräsentativen Strauch. Sie bevorzugt leicht schattigen Standort und sollte wie alle immergrünen Arten vor Wintersonne geschützt werden. Empfindlich gegen Schnitt.

Korea-Berberitze *Berberis koreana*
Berberitzengewächse *(Berberidaceae)*

Sommergrüner, bis 1,5 m hoher Strauch. Zweige rötlich, gefurcht. Dornen oft 5teilig, an Langtrieben. Laubblätter oval, Spitze rund, 3–7 cm lang, allmählich in den Stiel übergehend, dornig gesägt. Blüten zu vielen, in 4–5 cm langen, hängenden Trauben.
Blütezeit: Mai.
Frucht: Beeren eirund, anfangs gelbgrün, bei der Reife im September hochrot, etwa 8 mm groß mit 1–2 Samen. Früchte nicht genießen!
Vorkommen: Heimat Korea. Seit 1905 in Kultur. Ohne besondere Ansprüche an Boden und Standort. Die Korea-Berberitze ist sehr frosthart und bildet undurchdringliche Hecken. Im Herbst färbt sich ihr Laub gelb bis tiefrot. Sie wirkt mit ihren leuchtend roten Fruchttrauben als Einzelstrauch, ist aber auch als Heckenpflanze geschätzt.

Mahonie, Stechdornblättrige Mahonie ***Mahonia aquifolium***
Berberitzengewächse *(Berberidaceae)* ☠

0,5–1,5 m hoher, immergrüner Strauch mit graubraunen Zweigen. Laubblätter wechselständig, unpaarig gefiedert, ledrig, wintergrün, oberseits glänzend, Fiedern dornig gezähnt. Die Blätter färben sich im Herbst graurot. Blüten gelblich, in aufrechten, rispenartigen Trauben. Geruch süßlich-betäubend.
Blütezeit: April–Mai.
Frucht: Beeren oval bis eiförmig, schwarzblau, bereift, mit purpurnem Saft. Samen 2–5, glänzend, rotbraun. Die Beeren schmecken sauer. Fruchtreife im August. Rohe Beeren nicht genießen!
Vorkommen: Heimat westliches Nordamerika. Häufig als Zierstrauch in Gärten und Parks gepflanzt, zuweilen verwildert. In Blatt- und Wuchsform sehr variabel. Die Mahonie bevorzugt Halbschatten, verträgt aber auch sonnige Standorte. Sie eignet sich besonders zur Unterpflanzung unter Bäume und Gehölze und ist ziemlich frostbeständig. Als Bienenweide geschätzt.
Verwendung: Die saftreichen Beeren enthalten sehr viel Fruchtsäure. Sie lassen sich zu einem kräftigen, rotweinähnlichen Getränk verarbeiten.

Rotbuche, Buche *Fagus sylvatica*
Buchengewächse *(Fagaceae)*

☠

20–30 (–40) m hoher, winterkahler Baum. Borke weißgrau, glatt. Laubblätter spitz eiförmig, glänzend, dunkelgrün, unterseits heller, kurz gestielt. Männliche Blütenstände kugelig, an langen Stielen hängend. Weibliche Blütenstände zweiblütig auf aufrechtem Stiel.
Blütezeit: April–Mai.
Frucht: Der vierlappig aufspringende, stachelige Fruchtbecher enthält 1–2 einsamige, scharf dreikantige, braune Nüsse (Bucheckern). Reife im Oktober.
Vorkommen: Häufig waldbildend. Verbreitung: Europa, von der Ebene bis ins Gebirge.
Inhaltsstoffe: Bucheckern enthalten bis zu 25% fettes Öl und gesundheitsschädigende Glykoside. Vorsicht! Sie können in größeren Mengen zu Vergiftungen führen!
Verwendung: Die Früchte wurden in Notzeiten zur Gewinnung von Speiseöl gesammelt. Das raffinierte Öl ist ungiftig. Die Buche liefert vielseitig verwendbares Nutzholz und wertvolles Brennholz. Aus dem Holz wird Buchenteer, Holzessig, Holzkohle und Holzgeist (Methanol) hergestellt. Rohstoff für die Zelluloseindustrie.

Edelkastanie, Eßkastanie ***Castanea sativa***
Buchengewächse *(Fagaceae)*

Bis 30 m hoher, winterkahler Baum oder hoher Strauch. Laubblätter länglich-lanzettlich, 8–25 cm lang, stachelig gezähnt. Blüten in 10–20 cm langen, aufrechten Kätzchen, männliche gebüschelt, weibliche am Grund der Blütenstände, unscheinbar, zu 1–3 in einem gemeinsamen Fruchtbecher.
Blütezeit: Juni.
Frucht: Die kugeligen, stacheligen Fruchtbecher springen im September–Oktober vierlappig auf und geben die eßbaren, braunen, glänzenden Kastanien (Maronen) frei.
Vorkommen: Die Heimat der Edelkastanie ist das Mittelmeergebiet, dort bisweilen waldbildend. Frostempfindlich. In Mitteleuropa nur in wärmeren Gebieten.
Inhaltsstoffe: Maronen enthalten viel Stärke. In Blättern und Rinde Gerbstoffe und Pektine.
Verwendung: Maronen als Nahrungs- und Genußmittel. Das Holz ist widerstandsfähig gegen Feuchtigkeit und wird industriell entsprechend verwendet. Tee von Blättern wirkt hustenstillend und auswurffördernd.

Stiel-Eiche ***Quercus robur***
Buchengewächse *(Fagaceae)*

20–50 m hoher, winterkahler Baum. Äste stark, knorrig, weit ausladend. Laubblätter im Umriß oval, buchtig gelappt, am Grunde geöhrt, beiderseits grün, Blattstiel sehr kurz. Männliche Blüten in hängenden, unauffälligen Kätzchen, weibliche Blüten unscheinbar.
Blütezeit: April–Mai.
Frucht: Fruchtstand lang gestielt mit 1–5 Früchten. Fruchtbecher mit anliegenden Schuppen. Frucht (Eichel) bis 2,5 cm lang und 1,5 cm dick. Roh ungenießbar!
Vorkommen: In Laubmischwäldern, zum Teil bestandbildend. Verbreitung: Europäische Pflanze.
Inhaltsstoffe: In den Früchten Gerbstoff, Zucker, Stärke, Eiweiß und fettes Öl.
Verwendung: Früchte geröstet früher als Kaffee-Ersatz; gegen Durchfall, Skrofulose und Rachitis. Rinde junger Zweige als Gerbstoffdroge. Die Stiel-Eiche liefert ein wertvolles Nutzholz für die Bau- und Möbelindustrie.
Bemerkung: Gleiche Verwendung findet die heimische Trauben-Eiche *(Q. petraea)*. Ihr Fruchtstand ist kurz gestielt, die Blattstiele sind 1–3 cm lang.

Kermes-Eiche, Stech-Eiche ***Quercus coccifera***
Buchengewächse *(Fagaceae)*

Meist strauchförmig, selten bis 12 m hoher Baum. Äste meist sparrig abstehend mit grauer, glatter, auch an alten Ästen nur schwach rissiger Rinde. Laubblätter immergrün, derb, starr, lederartig, oval- bis länglich-eiförmig, am Rande buchtig-wellig und stechend spitz gezähnt, oberseits kahl, glänzend, unterseits fein graufilzig. Männliche Blütenkätzchen 1–4 cm lang, lokkerblütig; weibliche Blüten einzeln oder zu zweien in den Blattachseln sitzend.
Blütezeit: April–Mai.
Frucht: Sehr kurz gestielt. Fruchtbecher halbkugelig, mit kurzen, abstehenden, stachelartigen Schuppen, etwa die Hälfte der Frucht umschließend. Eichel breit niedergedrückt-kugelig, oben flach bis länglich-eiförmig, fast spitz, bis 3 cm lang. Frucht ungenießbar!
Vorkommen: Die Kermes-Eiche gehört zu den Charakterpflanzen der immergrünen Mittelmeervegetation. Sie bildet auf den Felsfluren ausgedehnte Gestrüppe.
Verwendung: Das harte Holz ist infolge Weidetierverbiß meist nur als Brennholz verwendbar.

Stein-Eiche *Quercus ilex*
Buchengewächse *(Fagaceae)*

Strauch oder bis 20 m hoher Baum. Rinde bräunlichgrau, kleinschuppig. Laubblätter immergrün, ledrig, oberseits anfangs filzig, später kahl, glänzend dunkelgrün, unterseits graufilzig. Blattform sehr variabel, eiförmig-lanzettlich, manchmal ganzrandig, oft gezähnt oder gesägt, meist zugespitzt. Blüten in Kätzchen.
Blütezeit: April–Mai.
Frucht: Auf kürzeren oder längeren, filzig behaarten Stielen. Fruchtbecher halbkugelig, mit stumpfen, angepreßten Schuppen, meist kaum die Hälfte der Frucht umschließend. Eichel mit aufgesetzter Spitze. Frucht ungenießbar!
Vorkommen: Charakterbaum der immergrünen Mittelmeervegetation. Im Gardaseegebiet bis 1000 m ansteigend. In Westeuropa meist nur in Parks. Die Stein-Eiche ist eine formenreiche Art, die kaum Frost erträgt.
Verwendung: Das sehr harte, dauerhafte Holz ist industriell außerordentlich wertvoll. Infolge Weidetierverbiß oft nur als Brennholz verwendbar. Die Rinde dient als Gerberlohe.

Rot-Eiche *Quercus rubra*
Buchengewächse *(Fagaceae)*

Bis 50 m hoher, sommergrüner Baum. Borke lange glatt bleibend, grau bis braun, dünnschuppig. Laubblätter im Umriß oval, 10–20 cm lang, fast bis zur Mitte fiederspaltig, beiderseits mit 4–6 breiten, grobgezähnten Lappen; Blattzipfel fein zugespitzt; Blattgrund keilförmig oder abgerundet. Blattstiel bis 5 cm lang. Männliche Blüten in hängenden, unauffälligen, grünlichen Kätzchen; weibliche Blüten unscheinbar in einer Hülle.
Blütezeit: Mai.
Frucht: Fruchtstände sitzend oder ganz kurz gestielt. Fruchtbecher halbkugelig, mit stumpfen, anliegenden Schuppen. Eichel rundlich bis fast eiförmig, bis 2,5 cm lang, glänzend, glatt, braun, fein stachelspitzig. Rohe Früchte ungenießbar!
Vorkommen: Heimat Nordamerika. Oft als Forstbaum eingebracht. Wächst in der Jugend schneller als unsere europäischen Eichen. Bevorzugt tiefgründige Böden in niederschlagsreichen, warmen Gegenden.
Verwendung: Eicheln früher gegen Durchfall, als Diätmittel. Die Holzqualität ist weniger gut als bei unseren Arten.

Haselnußstrauch, Haselnuß, Hasel ***Corylus avellana***
Haselnußgewächse *(Corylaceae)*

2–6 (–9) m hoher, winterkahler, einhäusiger Strauch oder Baum. Zweige grau, jung oft auffallend rotborstig behaart. Laubblätter rundlich-herzförmig, zugespitzt, kurz gestielt, doppelt gesägt, 6–10 cm breit, bis 13 cm lang, beidseitig drüsig behaart. Die hängenden, männlichen Blütenkätzchen werden schon im Vorjahr angelegt. Weibliche Blüten unscheinbar, knospenförmig mit purpurroten Narben.
Blütezeit: Februar–April, vor dem Laubaustrieb.
Frucht: Nuß anfangs gelblichweiß, später braun, hartschalig, 1,5–2 cm lang, in unregelmäßig zerschlitzter Fruchthülle, einzeln oder meist zu mehreren beisammenstehend. Kern wohlschmeckend. Fruchtreife September–Oktober.
Vorkommen: Verbreitet an Waldrändern, in Hecken und Laubwäldern, auch gepflanzt.
Inhaltsstoffe: Haselnußkerne enthalten 50–60% fettes Öl und verschiedene Vitamine.
Verwendung: Haselnußkerne zum Kochen und Backen, in der Süßwarenindustrie. Triebe zu Flechtarbeiten.

Baum-Hasel ***Corylus colurna***
Haselnußgewächse *(Corylaceae)*

5–20 m hoher, winterkahler Baum, selten strauchartig. Krone kegelförmig. Äste waagrecht, aber auch ziemlich aufstrebend. Rinde grauweiß, grob abschuppend. Blätter rundlich, gekerbt bis gesägt, groß, 7–15 cm lang und 5–10 cm breit, glänzend, oberseits dunkelgrün, unterseits hellgrün. Blattnerven behaart. Männliche Blüten in bis 7 cm langen, hängenden Kätzchen, weibliche Blüten unscheinbar.
Blütezeit: Februar–April.
Frucht: Ähnlich der Haselnuß. Braun, hartschalig, flacher. Fruchthüllen tiefgeschlitzt mit schmalen Zipfeln. Die Früchte stehen in Büscheln zusammen und bleiben oft bis zum Frühjahr an den Zweigen hängen. Die Nußkerne schmecken wie Haselnüsse.
Vorkommen: Heimat Kleinasien, West-Asien. Bisweilen als widerstandsfähiger Park- und Alleebaum gepflanzt.
Inhaltsstoffe: In den Nußkernen fettes Öl.
Verwendung: Die Früchte kommen als türkische Dicknüsse in den Handel. Der Baum liefert wertvolles Nutzholz für den Möbelbau und zu Schnitzarbeiten.

Lambertsnuß ***Corylus maxima***
Haselnußgewächse *(Corylaceae)*

Bis 5 m hoher, sommergrüner Strauch. Laubblätter rundlich-eiförmig, 10–15 cm lang und 7–10 cm breit. Männliche Blüten in 5–7 cm langen Kätzchen, weibliche Blüten knospenartig, unscheinbar.
Blütezeit: Februar–April.
Frucht: Länglich-ovale, breitgedrückte, etwa 2 cm lange, hartschalige Nuß. Fruchthülle samtig und drüsenhaarig, viel länger als die Frucht, geschlossen oder einseitig aufgeschlitzt, mit breiten Zipfeln. Einzeln oder zu 2–8 auf gemeinschaftlichem Stiel beisammenstehend. Nußkern wohlschmeckend. Fruchtreife September.
Vorkommen: Heimat Südost-Europa und Kleinasien. Dort seit langer Zeit in vielen Fruchtsorten angebaut. Als effektvoller Zierstrauch, der an Boden und Standort nur geringe Ansprüche stellt, in Gärten und Parkanlagen gepflanzt.
Inhaltsstoffe: In der Nuß fettes Öl.
Verwendung: Der Strauch liefert die Haselnüsse des Handels zum Kochen, Backen und für die Süßwarenindustrie.

Weißer Maulbeerbaum ***Morus alba***
Maulbeergewächse *(Moraceae)*

Winterkahler Strauch oder bis 10 m hoher Baum. Krone sparrig, ziemlich schmal. Laubblätter deutlich gestielt, oberseits kahl, nie rauh, unterseits nur auf den Blattnerven behaart, sehr vielgestaltig, teils gelappt, teils ungelappt, grob gesägt. Männliche Blütenstände länglich-walzlich, gestielt, weibliche eiförmig-länglich, etwa so lang wie ihr Stiel.
Blütezeit: Mai.
Frucht: Fleischige Sammelfrucht, 1–2,5 cm lang, weiß, später gelblich, aber auch rosa bis purpurviolett, süßlich, eßbar, Geschmack fade. Samen hellbraun, 2 mm lang. Fruchtreife Juni–August.
Vorkommen: Heimat Ostasien. In milden Lagen gelegentlich als Zierbaum, früher zur Seidenraupenzucht gepflanzt. Selten verwildert.
Inhaltsstoffe: In der Frucht Carotin, Vitamin C, Rutin. In den Samen fettes Öl und Eiweiß.
Verwendung: Früchte als Obst. Blätter als Futter für die Raupen des Seidenspinners und für Haustiere. Das Holz zu Drechsler- und Tischlerarbeiten.

Schwarzer Maulbeerbaum ***Morus nigra***
Maulbeergewächse *(Moraceae)*

Winterkahler Strauch oder bis 15 m hoher Baum. Krone dicht, gewölbt. Laubblätter kurz gestielt oder fast sitzend, oberseits sehr rauh behaart, breit eiförmig, tief herzförmig, wellig, spitz, unregelmäßig und tief doppelt gekerbt. Männliche Blütenstände etwa 2,5 cm lang, gestielt, weibliche Blütenstände halb so lang, kurz gestielt oder fast sitzend.
Blütezeit: Mai.
Frucht: Fleischige Sammelfrucht, 2–2,5 cm lang, erst grün, dann rötlich, kurz vor dem Abfallen schwärzlichrot, süß, eßbar, wohlschmeckend. Fruchtreife Juni–August.
Vorkommen: Heimat SO-Asien. In milden Lagen gelegentlich als Zierbaum oder Obstbaum gepflanzt. Selten verwildert.
Inhaltsstoffe: In der Frucht Zucker, Fruchtsäuren, Pektin, Vitamin C. In den Samen fettes Öl.
Verwendung: Früchte als Obst, gekocht zu Gelee und Konfitüren. Der purpurrote Saft zu Sirup und Maulbeerwein. Das Holz zu Drechsler- und Tischlerarbeiten.

Feigenbaum ***Ficus carica***
Maulbeergewächse *(Moraceae)*

Sommergrüner, 2–5 m hoher Strauch oder selten bis 10 m hoher Baum mit weit ausgebreiteten Ästen. Zweige dick, dunkel olivgrün bis tiefgrau. Laubblätter vielgestaltig, im Umriß meist rundlich, 3–5lappig, Basis herzförmig, oben rauh behaart, derb lederartig; Blattstiel 5–10 cm lang. Männliche und weibliche Blüten an den Innenwänden fleischiger, birnenförmiger Blütenstandsachsen.
Blütezeit: Juni–September.
Frucht: Kugelige Nuß. Fruchtstand (Feige) birnenförmig, braun, violett bis schwarz mit grünem oder rotem, eßbarem Fleisch, das aus der Blütenstandsachse gebildet wird. Unreife Früchte sind giftig!
Vorkommen: Heimat Westasien. Wild an trocken-warmen Felshängen im ganzen Mittelmeergebiet bis zum Alpensüdfuß. Seit langem in Kultur. In Mitteleuropa nur im wintermilden Weinbauklima gepflanzt.
Inhaltsstoffe: In der Frucht Invertzucker, Vitamine, Pektine, Fruchtsäuren, Fett, Eiweiß, Mineralstoffe.
Verwendung: Als Nahrungsmittel und mildes Abführmittel.

Walnußbaum ***Juglans regia***
Walnußgewächse *(Juglandaceae)*

10–25 m hoher, winterkahler Baum mit breiter Krone. Borke hell, graubraun, im Alter rissig. Laubblätter unpaarig gefiedert, mit 5–9 Teilblättern, die gegen den Blattstiel kleiner werden; Teilblätter oval, derb, oberseits glänzend, kahl. Männliche Blüten in hängenden Kätzchen, weibliche Blüten in armblütigen Blütenständen am Ende der vorjährigen Triebe.
Blütezeit: April–Mai.
Frucht: Kugelige bis länglich-kugelige Steinfrucht. Schale zäh, fleischig, grün, glatt, sich durch Längsrisse öffnend. Nuß hellbraun, runzelig, ellipsoid, spitzig, mit 2 wulstigen Kanten. Kern wohlschmeckend.
Vorkommen: Heimat östliches Mittelmeergebiet. Seit alter Zeit in Mitteleuropa gepflanzt und verwildert.
Inhaltsstoffe: In der Frucht 40–60% fettes Öl. In den Blättern Gerbstoffe, Flavonoide, ätherisches Öl.
Verwendung: Früchte als Nahrungsmittel. Blätter gegen Durchfall, als Blutreinigungsmittel, bei Hautleiden. Frische Fruchtschalen zum Braunfärben der Haut. Der Baum liefert wertvolles Nutzholz (Drechslerei, Möbel).

Stachelbeere ***Ribes uva-crispa***
Johannisbeergewächse *(Grossulariaceae)*

Winterkahler, bis 120 cm hoher Strauch. Zweige lang, dünn, graubraun mit einfachen, seltener mit 2–3teiligen Stacheln. Junge Triebe kurz und flaumig behaart. Laubblätter im Umriß 5eckig, 3–5lappig, beiderseits dicht und flaumig behaart. Blüten glockig, grüngelb, oft rot überlaufen, einzeln oder zu 2–3.
Blütezeit: April–Mai.
Frucht: Eiförmige oder rundliche, hängende, rote, grüne oder gelbe, glatte, behaarte oder drüsigborstige Beere. Reife Früchte wohlschmeckend, süß, eßbar. Fruchtreife Juli–August.
Vorkommen: In Hecken und Gebüschen, an Wald- und Wegrändern, an steinigen, felsigen Stellen. In zahlreichen Kultursorten angepflanzt und oft verwildert.
Inhaltsstoffe: In den Beeren Vitamin A, B_1 und C, Zucker, Pektin, Protein, Gerbstoffe und Mineralstoffe.
Verwendung: Stachelbeeren frisch als Obst, zu Marmelade, Saft, Gelee oder Kompott.

Schwarze Johannisbeere ***Ribes nigrum***
Johannisbeergewächse *(Grossulariaceae)*

Bis 2 m hoher, kräftiger Strauch, ohne Stacheln. Junge Triebe kurz und flaumig behaart. Laubblätter wechselständig, groß, langgestielt, 3–5lappig, doppelt gesägt, unterseits mit gelben Drüsen. Blätter und Zweige mit charakteristischem, wanzenartigem Geruch. Blüten in achselständigen, reichblütigen, nickenden Trauben.
Blütezeit: April–Mai.
Frucht: Kugelige, schwarze, glatte Beere. Geruch und Geschmack eigenartig, schwach wanzenartig. Eßbar. Fruchtreife Juli–August.
Vorkommen: Selten in feuchten Gebüschen, Auwäldern und Erlenbrüchen. Häufig in Gärten kultiviert und oft aus Kulturen verwildert.
Inhaltsstoffe: In den Früchten Vitamin C, Fruchtsäuren, Zucker, Pektin. In den Laubblättern ätherisches Öl, Gerbstoff, Rutin und Vitamin C.
Verwendung: Beeren zu Marmelade, Saft und Gelee. Fruchtsaft heiß getrunken bei beginnenden Erkältungskrankheiten. Blätter als harn- und schweißtreibender Tee.

Rote Johannisbeere, Ribisel *Ribes rubrum*
Johannisbeergewächse *(Grossulariaceae)*

50–200 cm hoher, winterkahler Strauch, ohne Stacheln. Laubblätter 3–5lappig, wechselständig, eingeschnitten kerbig gesägt, oberseits dunkelgrün, unterseits heller, weichhaarig. Blätter und Zweige geruchlos. Blüten gelblichgrün, in lockeren Trauben hängend, fast kahl.
Blütezeit: April– Mai.
Frucht: Beere kugelig, rot, gezüchtete Sorten seltener gelbweiß, glatt. Eßbar. Geschmack säuerlich. Beerenreife: Juni (Johannistag 24. Juni)–Juli.
Vorkommen: Selten wild in Auwäldern, Hecken und Gebüschen. Wahrscheinlich seit dem 15. Jahrhundert kultiviert und gelegentlich aus Kulturen verwildert. Vermehrung durch Stecklinge.
Inhaltsstoffe: In den Früchten Invertzucker, Fruchtsäuren, Pektin und ein roter Farbstoff.
Verwendung: Die Beeren frisch als Obst oder zu Marmelade, Saft, Gelee und Johannisbeerwein. Der Saft wird gern als kühlendes und durstlöschendes Getränk bei fieberhaften Krankheiten gegeben.

Alpen-Johannisbeere ***Ribes alpinum***
Johannisbeergewächse *(Grossulariaceae)*

80–150 cm hoher, winterkahler, stachelloser Strauch. Junge Triebe locker, kurz und flaumig behaart. Laubblätter im Durchmesser bis 3 cm, 3–5lappig, Lappen gekerbt, beiderseits mit rotkopfigen Drüsenhaaren besetzt, unterseits fettig glänzend. Blüten unscheinbar, grüngelb, in aufrechten Trauben. Die Pflanzen sind meist eingeschlechtig, männliche Blütenstände 10–30blütig, weibliche 2–5blütig. Kelch kahl, Kelchblätter oval, abstehend, etwa 3mal so lang wie die gelblichen Kronblätter.
Blütezeit: April–Juni.
Frucht: Scharlachrote, etwa 7 mm große, glatte, kugelige Beere in wenigfrüchtigen Trauben. Geschmack fade, schleimig. Fruchtreife Juli.
Die Beeren finden als Obst keine Verwendung.
Vorkommen: In schattigen Berg-Mischwäldern und Gebirgsauen, in den Alpen bis 2000 m, mit Vorliebe auf Kalkböden. Die Alpen-Johannisbeere wird in verschiedenen Kultursorten als industriefestes, früh austreibendes Ziergehölz gepflanzt. Gelegentlich verwildert. Vermehrung durch Stecklinge.

Blut-Johannisbeere ***Ribes sanguineum***
Johannisbeergewächse *(Grossulariaceae)*

2 (–4) m hoher, winterkahler Strauch. Zweige ohne Stacheln, rotbraun, weich behaart und etwas drüsig, schwach aromatisch duftend. Laubblätter im Umriß rundlich, 3–5lappig, 5–10 cm breit, gestielt, Stiele drüsig behaart. Blüten in ansteigenden bis hängenden, vielblütigen, drüsig behaarten, bis 8 cm langen Trauben, leuchtend rot.
Blütezeit: April–Mai.
Frucht: Schwarz, dicht blauweiß bereift, bis 1 cm dick, etwas drüsig-borstig, vielsamig. Geschmack fade. Nicht genießbar. Fruchtreife August.
Vorkommen: Heimat westliches Nordamerika. In Europa seit 1826 in Kultur. Als schnellwüchsiger Zierstrauch in vielen Kulturformen in Gärten und Parkanlagen gepflanzt. Bevorzugt sonnige Standorte. An schattigen Plätzen leidet der Blütenreichtum der Blut-Johannisbeere stark. Vermehrung durch Stecklinge.
Abgebildet ist die Kulturform ‚King Edward VII'.

Gold-Johannisbeere, Gelbe Johannisbeere ***Ribes aureum***
Johannisbeergewächse *(Grossulariaceae)*

1–2,5 m hoher, winterkahler, aufrechter Strauch mit dünnen, überhängenden Zweigen. Rinde braun. Junge Zweige kahl oder fein behaart. Laubblätter rundlich, meist tief dreilappig, 3–5 cm breit, grob gezähnt, die Lappen spreizend, kahl, langgestielt, oberseits dunkelgrün, unterseits heller, im Herbst schön scharlachrot gefärbt. Blüten goldgelb, duftend, in hängenden, 5–6 cm langen, 5–15blütigen Trauben.
Blütezeit: April–Mai.
Frucht: Purpurbraune bis schwarze, glänzende, kugelige, 8–10 mm große, herb-sauer schmeckende Beere. Nicht genießen! Fruchtreife Juli.
Vorkommen: Heimat westliches Nordamerika bis Mexiko. In Europa seit 1812 in Kultur. Als anspruchsloser Zierstrauch in Gärten und Parkanlagen gepflanzt. Bevorzugt lockeren, feuchten Boden.
Verwendung: Als Veredelungsunterlage für Johannis- und Stachelbeerhochstämmchen viel verwendet, doch nicht so häufig wie *Ribes odoratum.*

Schwarze Zwergmispel ***Cotoneaster melanocarpa***
Rosengewächse *(Rosaceae)* ☠

Bis 2 m hoher, aufrechter, sparriger Strauch. Zweige graurot, glatt, anfangs grauhaarig. Laubblätter breit-länglich, bis eiförmig, zugespitzt, mit aufgesetztem Stachelspitzchen, ganzrandig, oberseits dunkelgrün, glänzend, besonders am Rand und auf der helleren Unterseite reichlicher behaart, aber nicht filzig. Blattstiele rinnig, kurz, behaart. Blütenstände an den Kurztrieben endständig, meist aufrecht, 2 bis 12blütig. Blüten klein, aufrecht oder etwas übergeneigt auf spärlich behaarten Stielen.
Blütezeit: Mai.
Frucht: Erst rotbraune, dann blauschwarze, bereifte, kugelige, zur Reifezeit fleischig-mehlige Scheinfrucht. Steinkerne bräunlich, kantig. Früchte nicht genießen! Fruchtreife August–September.
Vorkommen: Selten an felsigen oder sandigen Hängen, an Waldrändern und lichten Waldstellen. Allgemeine Verbreitung: nordöstliches Deutschland, südliches Skandinavien, Osteuropa. Selten in Gärten und Parkanlagen gepflanzt.

Filzige Zwergmispel ***Cotoneaster tomentosa***
Rosengewächse *(Rosaceae)* ☠

Winterkahler, 1–2 m hoher, ästiger Strauch. Laubblätter 2–6 cm lang, eiförmig, ganzrandig mit aufgesetztem Stachelspitzchen, oberseits ± behaart, unterseits graugrünfilzig oder fast weiß. Blüten glockig, rosa, in 1–12blütigen Blütenständen, auf filzig behaarten Stielen.
Blütezeit: April–Mai.
Frucht: Blutrote, filzig behaarte, rundliche, 6–8 mm große, beerenartige, fleischig-mehlige Scheinfrucht mit 2–5 einsamigen, kantigen, gelblichen Steinkernen. Früchte nicht genießen! Fruchtreife Juli.
Vorkommen: Sehr selten im sonnigen Gebüsch, an Waldrändern und in Trockenwäldern. In den Kalkalpen bis über 1500 m hoch steigend. Bevorzugt kalkreiche Steinböden. In Kultur geht die filzige Behaarung der Blätter und Früchte stark zurück.
Inhaltsstoffe: Die Samen enthalten Amygdalin bzw. verwandte Blausäureglykoside.

Gewöhnliche Zwergmispel ***Cotoneaster integerrima***
Rosengewächse *(Rosaceae)*

Winterkahler, 50–200 cm hoher, dicht verzweigter, aufrechter Strauch. Zweige dünn, bogig ausgebreitet, braunrot, anfangs gelbgrün-filzig. Laubblätter 1–4 cm lang, breit-elliptisch bis fast rundlich, ganzrandig, mit aufgesetztem Stachelspitzchen, kurz gestielt, oberseits grün, kahl, unterseits hellgrün-filzig. Blüten unscheinbar, klein, glockig, in 1–5blütigen Blütenständen.
Blütezeit: April–Mai.
Frucht: Scharlach- bis purpurrote, kahle, beerenartige 6–8 mm große Scheinfrucht mit 2–3 etwa 3 mm langen, flachen Steinkernen. Früchte nicht genießen! Fruchtreife Juli.
Vorkommen: Verbreitet an sonnigen Felshängen, auf Felsbändern, in lichten, steinigen Trockenwäldern und Gebüschen. Bevorzugt Kalkböden. Besonders in den Alpen häufig. Steigt dort bis 2500 m hoch. Allgemeine Verbreitung Europa bis Südwestasien.
Inhaltsstoffe: Die Samen enthalten den Giftstoff Amygdalin bzw. verwandte Blausäureglykoside.

Frühe Zwergmispel, Nan Shan-Zwergmispel *Cotoneaster praecox*
Rosengewächse *(Rosaceae)*

Sommergrüner, 30–60 cm hoher Strauch. Stämmchen und Hauptzweige bogig wachsend, Nebenzweige unregelmäßig verzweigt. Laubblätter dunkelgrün, eiförmig, 1,5–2,5 cm lang, am Rand wellig, im Herbst rot verfärbend. Blüte glockig, rosa, zu 1–3 in den Blattachseln.
Blütezeit: Mai–Juni.
Frucht: Bis 12 mm große, rundliche, hellrote Scheinfrucht. Fruchtreife Juli–August. Die reifen Früchte fallen verhältnismäßig früh ab. Die Samen enthalten Blausäureglykoside. Die Beeren dürfen deshalb nicht verzehrt werden.
Vorkommen: Heimat West-China. Anspruchsloser, äußerst frostharter Zierstrauch, der als Bodendecker für Kleingärten und Böschungen mit seiner frühen, reichen Fruchtbildung und bunten Herbstfärbung geschätzt ist. Vermehrung durch Samen, Stecklinge oder bewurzelte Zweige.

Peking-Zwergmispel ***Cotoneaster acutifolius***
Rosengewächse *(Rosaceae)* ☠

1–3 m hoher, aufrecht und breit wachsender, winterkahler Strauch. Zweige behaart, rotbraun. Laubblätter eiförmig bis elliptisch, 2–5 cm lang, vorne kurz zugespitzt, oberseits mattgrün, anfangs etwas behaart, unterseits heller und dünn behaart. Blüten rötlich, zu 2–5 in kurzen, behaarten Trugdolden.
Blütezeit: Mai–Juni.
Frucht: Elliptische, etwa 10 mm lange, behaarte, zuerst rötliche, später blauschwarze Scheinfrucht mit 2 Steinkernen. Fruchtreife Juli–August, schon im September abfallend. Früchte wie bei allen *Cotoneaster*-Arten nicht genießen!
Vorkommen: Heimat Nordchina. Seit 1883 in Europa in Kultur. Der Zierwert des Strauches ist gering. Er ist frosthart und eignet sich als Heckenpflanze auch für Schattenlagen.

Teppich-Zwergmispel ***Cotoneaster dammeri***
Rosengewächse *(Rosaceae)* ☠

10–30 cm hoher, immergrüner, niederliegender oder bogig wachsender Strauch mit weitkriechenden, sich bewurzelnden Zweigen. Laubblätter ledrig, dunkelgrün, glatt, glänzend, länglich-elliptisch, 1–3 cm lang, meist mit kleinem Spitzchen. Blüten meist einzeln, weiß oder rötlich angehaucht, kurzgestielt in den Blattachseln.
Blütezeit: Mai–Juni.
Frucht: Hellrote, kugelige, beerenartige, ca. 7 mm dicke, fleischig-mehlige Scheinfrucht. Meist mit 5 Nüßchen. Fruchtreife August. Die Früchte bleiben bis zum Frühjahr an den Zweigen. Früchte wie bei allen *Cotoneaster*-Arten nicht genießen!
Vorkommen: Heimat Mittelchina; Hupeh. Seit 1900 in Europa in Kultur. In verschiedenen anspruchslosen, frostharten und Schatten ertragenden Zuchtformen weit verbreitet. Idealer Bodendecker für Gärten und Parkanlagen. Gute Bienenweide. Vermehrung durch Stecklinge oder bewurzelte Zweige. – Selten verwildert.

Sparrige Zwergmispel ***Cotoneaster divaricatus***
Rosengewächse *(Rosaceae)*

☠

Bis 2 m hoher, sparrig wachsender, winterkahler Strauch. Zweige breit abstehend. Laubblätter klein, elliptisch, 1–2,5 cm lang, oberseits dunkelgrün, glänzend, unterseits heller, etwas behaart. Herbstfärbung auffällig scharlachrot. Blüten glockig, weißlichrosa, zu 2–4 an kleinen Seitenzweigen.
Blütezeit: Juni.
Frucht: Länglichrunde, bis 8 mm lange, glänzend rote Scheinfrucht. Meist mit 2 länglichen Nüßchen. Die überaus reichlich ausgebildeten Früchte bleiben lange an den Zweigen hängen. Nicht genießen!
Vorkommen: Heimat China. Seit 1904 in Kultur. Als frostharter und industriefester Zierstrauch gerne in Gärten und Parkanlagen gepflanzt. Der anspruchslose, schnittfeste Strauch gedeiht an sonnigen und schattigen Standorten. Gute Bienenweide.

Fächer-Zwergmispel ***Cotoneaster horizontalis***
Rosengewächse *(Rosaceae)*

50–100 cm hoher, halbimmergrüner oder nur sommergrüner Strauch mit übergebogenen bis waagrecht wachsenden Hauptzweigen, von denen die Nebenzweige regelmäßig zweizeilig und gegen die Hauptzweigspitze zu immer kürzer werdend abstehen. Laubblätter breit elliptisch bis fast kreisrund mit kleinem Spitzchen, 0,5–1,5 cm lang, oberseits dunkelgrün, glänzend, unterseits heller und striegelhaarig. Herbstfärbung orange- bis scharlachrot. Blüten zu 1–2, kurzgestielt, glockig, rötlich oder weiß.
Blütezeit: Juni.
Frucht: Hellrote, 5 mm lange Scheinfrucht. Meist mit 3 Nüßchen. Fruchtreife September. Die Früchte bleiben bis zum Winter an den Zweigen. Nicht genießen!
Vorkommen: Heimat Westchina. Seit 1879 in Europa in Kultur. In vielen anspruchslosen, aber nicht immer frostharten Zuchtformen verbreitet. Die Fächer-Zwergmispel eignet sich hervorragend zur Bepflanzung von Steingärten, Hängen und Mauern. Sehr gute Bienenweide. Selten verwildert.

Kleinblättrige Zwergmispel ***Cotoneaster microphyllus***
Rosengewächse *(Rosaceae)*

50–100 cm hoher, immergrüner, sich flach ausbreitender, dicht verzweigter Strauch. Laubblätter eilänglich, 5–8 mm lang, an der Spitze rund bis ausgerandet, Ränder nach unten umgebogen, oberseits glänzend dunkelgrün, kahl, unterseits heller, kurz gestielt. Blüten weiß oder schwach rosa überhaucht, kurz gestielt, meist einzeln in den Blattachseln.
Blütezeit: Mai–Juni.
Frucht: Kugelige Scheinfrucht, Durchmesser etwa 6 mm, tiefrot, mit 2 Nüßchen. Die zierenden Früchte sind wie bei allen *Cotoneaster*-Arten nicht genießbar! Sie bleiben lange an den Zweigen hängen.
Vorkommen: Die Heimat der Kleinblättrigen Zwergmispel ist das Himalaja-Gebiet mit Nepal, Sikkim, Kaschmir und Südwest-China. In Europa ist sie seit 1824 in Kultur. Als eine der zierlichsten *Cotoneaster*-Arten eignet sie sich besonders für kleine Gärten. Dieser anspruchslose Bodendecker ist empfindlich gegen strenge Kälte und benötigt Frostschutz.

Weidenblättrige Zwergmispel ***Cotoneaster salicifolius***
Rosengewächse *(Rosaceae)*

2–4 m hoher, meist immergrüner Strauch. Zweige in weiten Bogen überhängend, anfangs striegelhaarig. Laubblätter länglich-lanzettlich, 4–8 cm lang, 1–2 cm breit, spitz, oberseits etwas runzelig, dunkelgrün glänzend, mit 5–12 Nervenpaaren, unterseits filzig, bald ± kahl, Rand nach unten umgebogen. Blüten weiß bis schmutzigweiß, in vielblütigen, 2–4 cm großen blattachselständigen Doldenrispen.
Blütezeit: Juni.
Frucht: Kleine, 4–6 mm große, rote, rundliche Scheinfrucht. Fruchtreife September. Früchte bleiben oft bis zum Winter an den Zweigen. Nicht genießen!
Vorkommen: Heimat Westchina. Seit 1908 in Europa in Kultur. Die Weidenblättrige Zwergmispel leidet unter strengen Frösten und bevorzugt sonnige Standorte. Sie wird in verschiedenen Zuchtformen für Solitärpflanzung, aber auch als flachliegender Bodendecker für Gärten und Parkanlagen angeboten. Sie ist wie viele *Cotoneaster*-Arten als gute Bienenweide geschätzt.

Quitte ***Cydonia oblonga***
Rosengewächse *(Rosaceae)*

1–8 m hoher, winterkahler Strauch oder Baum. Äste sparrig abstehend. Laubblätter oberseits stumpfgrün, unterseits graufilzig, eiförmig, ganzrandig, 4–10 cm lang. Stiele 2 cm lang, filzig. Blüten meist einzeln an den Seitensprossen, Kronblätter groß, verkehrteiförmig, weiß oder rosa mit dunkleren Adern.
Blütezeit: Mai–Juni.
Frucht: Große, gelbe, wohlriechende, filzig behaarte Scheinfrucht. Samen keilförmig oder verkehrteiförmig, abgeplattet, kantig, fast dreiseitig, bis 10 mm lang, rotbraun oder braunviolett. Fruchtreife September. Roh kaum genießbar.
Vorkommen: Ursprünglich südwestasiatische Pflanze. Als alte Kulturpflanze weltweit verbreitet; bisweilen verwildert. Wärmeliebend und frostempfindlich.
Inhaltsstoffe: Unreife Früchte mit hohem Pektingehalt. Reife Quitten enthalten Zucker, organische Säuren, Gerbstoff, Pektin, Vitamin C und ätherisches Öl. Samen enthalten Schleimstoffe und 15% fettes Öl.
Verwendung: Früchte zu Gelee und Kompott. Schleim aus Samen als hustenreizlinderndes und mild abführendes Mittel, bei aufgesprungener Haut und Hämorrhoiden.

Japanische Scheinquitte ***Chaenomeles japonica***
Rosengewächse *(Rosaceae)*

Sommergrüner, 50–100 cm hoher, sparrig verzweigter Strauch mit dornigen Kurztrieben. Laubblätter eiförmig, scharf gesägt, etwas lederig, 3–5 cm lang. Blüten groß, um 3 cm breit, meist ziegelrot, in Büscheln zu 2–6 am vorjährigen Holz.
Blütezeit: März–April.
Frucht: Etwa 4 cm große, apfelähnliche Scheinfrucht, rundlich, mit mehreren tiefen Furchen, gelblichgrün, stark rot punktiert, kahl. Das 5fächrige Kernhaus enthält viele, braune, apfelkernähnliche Samen. Die Früchte sind hart und schmecken herb. Sie sind in rohem Zustand kaum genießbar. Fruchtreife ab August. Die Scheinquitten bleiben oft bis zum Winter hängen und werden dann von den Vögeln gefressen.
Vorkommen: Heimat Japan. Als anspruchsloser, frostharter und industriefester Zierstrauch besonders für kleine Gärten geeignet. In verschiedenen Formen kultiviert. Selten verwildert.
Verwendung: Die eßbaren Früchte lassen sich zu Gelee, Mus und Saft verarbeiten.

Wilder Birnbaum, Holz-Birne *Pyrus pyraster*
Rosengewächse *(Rosaceae)*

Sommergrüner Strauch oder bis 20 m hoher Baum. Stamm gerade, schlank. Kurztriebe meist dornig. Laubblätter rund oder oval, bis 6 cm lang, oberseits dunkelgrün glänzend, unterseits bläulichgrün, fein gesägt, kahl, lang gestielt. Blüten in einfachen Dolden von 6–12 Blüten. Kronblätter weiß, selten rosa.
Blütezeit: April–Mai.
Frucht: Birnförmig, selten rundlich, 1,5–4 cm dick, holzig, mit Steinzellen im Fruchtfleisch, erst grün, bei der Reife gelblich. Geschmack der Scheinfrüchte sauer und sehr herb. Samenkerne flach und dunkelbraun. Fruchtreife September–Oktober.
Vorkommen: Selten an sonnigen Hängen und Felsen, in Wäldern und Gebüschen. Verbreitung: Europa, Kleinasien, Nordiran. In verschiedenen Sippen.
Inhaltsstoffe: In der Frucht Pektin, Fruchtsäuren und Gerbstoff. In den Samen fettes Öl.
Verwendung: Die herb schmeckenden Früchte haben als Obst keine Bedeutung. Das Holz in der Möbelindustrie.

Weidenblättrige Birne ***Pyrus salicifolia***
Rosengewächse *(Rosaceae)*

5–8 m hoher, sommergrüner Baum. Zweige übergebogen, ± hängend. Junge Triebe grauweiß, dicht filzig. Kurztriebe oft in Dornen endigend. Laubblätter schmal elliptisch, nach beiden Enden verschmälert, 3–9 cm lang, meist ganzrandig, anfangs beiderseits silbergrau behaart, oberseits später trübgrau, ± kahl. Stiel kurz. Blüten etwa 2 cm breit, zu 6–8 in kleinen Doldentrauben. Kelch und Blütenstiele silbergrau behaart.
Blütezeit: April.
Frucht: 2–3 cm lange, grüne, birnförmige Scheinfrucht mit kurzem Stiel. Fruchtfleisch mit Steinzellen. Geschmack sehr herb. Samen schwarzbraun. Die Früchte haben als Obst keine Bedeutung.
Vorkommen: Heimat Südosteuropa, Kleinasien, Kaukasus. In Mitteleuropa gelegentlich in Gärten und Parkanlagen als Zierbaum gepflanzt. Benötigt wenig Platz und ist überall, vor allem als Solitärgehölz, brauchbar.

Holz-Apfel ***Malus sylvestris***
Rosengewächse *(Rosaceae)*

Winterkahler Strauch oder bis 10 m hoher Baum. Krone dicht, abgerundet. Laubblätter eirundlich, kerbig gesägt, oberseits kahl, glänzend, unterseits leicht behaart. Blüten weiß, unterseits rosa überlaufen, mit angenehmem Duft. Blütenstiele kahl.
Blütezeit: April–Mai.
Frucht: Kugelige, 2–4 cm große, gelbgrüne Scheinfrucht mit roter Backe. Geschmack sauer und bitter. Fruchtreife September bis Oktober.
Vorkommen: Selten an Waldrändern, in sonnigen Hecken und Gebüschen. Verbreitung: Europa–Westasien.
Inhaltsstoffe: In der Frucht Pektin, Fruchtsäuren und Gerbstoffe. Im Samen Amygdalin.
Verwendung: Früchte zu Wildfruchtmarmeladen und Gelees. Früher zur Bereitung von Apfelmost. Das harte und schwere Holz wird kaum noch genutzt.
Bemerkung: Es ist kaum möglich, die ursprüngliche Wildform von verwilderten Kulturformen zu unterscheiden.

Sargents Zierapfel ***Malus sargentii***
Rosengewächse *(Rosaceae)*

1–2 m hoher, winterkahler Strauch. Zweige sehr dicht, waagrecht ausgebreitet. Laubblätter eiförmig, 5–8 cm lang, scharf gesägt. Blütenknospen weiß oder ganz zart rosa. Blüten weiß, 2,5 cm breit.
Blütezeit: Mai.
Frucht: Kleine, bis 1 cm dicke, kugelige, langstielige, leuchtend dunkelrote, oft schwach weißlich bereifte Scheinfrucht. Kelch abfallend. Fruchtreife September. Nicht genießen!
Vorkommen: Heimat Japan. In Gärten und Parkanlagen gepflanzt. Bevorzugt mildes Klima, kümmert auf zu trockenem wie auf staunassem Boden. Sargents Zierapfel gehört mit seinem reichen Blütenansatz, goldgelber Laubfärbung im Herbst und den leuchtend roten Früchten zu den schönsten Zierapfel-Arten. Eignet sich vor allem zur Einzelpflanzung.

Toringo-Apfel ***Malus sieboldii***
Rosengewächse *(Rosaceae)*

2–4 m hoher, winterkahler Strauch oder Baum. Äste breit abstehend oder überhängend, schwarzbraun. Laubblätter eiförmig, elliptisch, zugespitzt, 3–6 cm lang, grob gesägt, besonders an den Langtrieben 3 (bis 5)lappig; junge Blätter schwach behaart, ältere meist kahl. Blüten in der Knospe deutlich rosa, bald verblassend, zuletzt fast weiß, etwa 2 cm breit.
Blütezeit: Mai.
Frucht: Kugelige Scheinfrucht, Durchmesser etwa 5–6 mm, rot bis gelbbraun, an langen, dünnen Stielen, meist mehrere Früchte in einem Büschel. Die zierenden Früchte bleiben bis Dezember an den Zweigen hängen. Sie sind sehr hart und ungenießbar.
Vorkommen: Der Toringo-Apfel ist einer der zahlreichen ostasiatischen Zieräpfel, die wegen ihres reichen Blüten- und Fruchtschmuckes in Europa angepflanzt werden. Er wurde 1856 aus Japan eingeführt. Er bevorzugt lokkeren, nährstoffreichen Boden und wintermildes Klima (empfindlich gegen Spätfröste).

Pflaumenblättriger Apfelbaum ***Malus prunifolia***
Rosengewächse *(Rosaceae)*

5–10 m hoher, winterkahler Baum. Triebe in der Jugend weich behaart. Laubblätter elliptisch oder eiförmig, 5–10 cm lang, kerbig gesägt, oberseits lebhaft grün, kahl, unterseits hellgrün, leicht behaart. Blütenknospen rosa, aufgeblüht weiß. Blüten etwa 3 cm breit, zu 6–10 in Büscheln.
Blütezeit: April.
Frucht: Kugelig-eiförmige Scheinfrucht, bis 2 cm dick, gelbgrün, an der Sonnenseite mit roter Backe. Kelch stets bleibend. Sehr reich fruchtend. Eßbar!
Vorkommen: Der Pflaumenblättrige Apfelbaum wurde um 1750 aus Nordostasien eingeführt. Da er dort bisher nicht wild gefunden wurde, ist anzunehmen, daß es sich um einen Bastard handelt. Er wird in verschiedenen Kultursorten, die auch eßbare Früchte haben, in Gärten und Parkanlagen als dekorativer Zierbaum gepflanzt.

Eberesche, Vogelbeere ***Sorbus aucuparia***
Rosengewächse *(Rosaceae)*

5–16 m hoher, winterkahler Strauch oder Baum mit lichter Krone. Laubblätter unpaarig gefiedert, in 4–9 Paaren, Teilblätter länglich-lanzettlich, scharf gezähnt. Blüten weiß, mit unangenehmem Geruch, in vielblütigen Doldenrispen.
Blütezeit: Mai–Juni.
Frucht: Kugelig, anfangs gelb, bei der Reife scharlachrot. Geschmack bitter. Samen etwa 4 mm groß, spitz, rötlich. Fruchtreife im September. Vogelbeeren wirken in größeren Mengen roh verzehrt schwach giftig (Reizung der Magen- und Darmschleimhäute)!
Vorkommen: Verbreitet in lichten Laub- und Nadelwäldern; häufig als Zierbaum in Gärten, Parks und Alleen gepflanzt. Allgemeine Verbreitung Europa bis Sibirien.
Inhaltsstoffe: Die Früchte enthalten Parasorbinsäure, Sorbinsäure, Vitamin C, Gerbstoffe, Pektin und Zucker.
Verwendung: Vogelbeeren zu Wildfruchtmarmeladen, Gelee und Saft. Beim Kochen wird die schleimhautreizende Parasorbinsäure zerstört. In der Volksheilkunde als mildes abführendes und harntreibendes Mittel. Das Holz ist minderwertig.

Speierling, Sperberbaum ***Sorbus domestica***
Rosengewächse *(Rosaceae)*

10–20 m hoher, winterkahler Baum. Krone gewölbt mit waagerecht abstehenden Ästen. Borke bereits in der Jugend in rechteckige Platten zerrissen. Laubblätter unpaarig gefiedert, mit 13–21 länglichen, scharf gesägten, ungestielten Fiederblättchen, oberseits dunkelgrün, unterseits graugrün, anfangs graufilzig. Blüten weiß bis rosa, 1,5 cm breit, in 6–12blütiger, traubiger Dolde.
Blütezeit: Mai.
Frucht: 1,5–3 cm große, apfel- oder birnförmige, gelbgrüne, punktierte Scheinfrucht mit rotbrauner Backe und 2–4 flachen, scharfkantigen, dunkelbraunen Samen. Früchte im überreifen Zustand teigig und eßbar. Fruchtreife September.
Vorkommen: Mediterrane Pflanze. In Mitteleuropa wahrscheinlich nur angepflanzt und in den wärmsten Gegenden selten verwildert.
Inhaltsstoffe: In den Früchten Gerbstoffe.
Verwendung: Früher als Obstbaum kultiviert. Früchte als Zusatz zu Apfelmost.

Zwerg-Vogelbeere ***Sorbus chamaemespilus***
Rosengewächse *(Rosaceae)*

0,5–3 m hoher, winterkahler Strauch mit graubraunen oder rotbraunen Ästen. Zweige anfangs weißlich behaart, später kahl. Laubblätter elliptisch oder länglich, kurz gestielt, oberseits dunkelgrün, kahl, unterseits anfangs selten dünnfilzig behaart, bis 9 cm lang, einfach bis doppelt gesägt, derb, lederig. Blüten klein, in gedrungenen, weißfilzig behaarten Rispen. Kronblätter 4–5 mm lang, rosarot.
Blütezeit: Juni.
Frucht: Scharlachrote, kugelig-eiförmige, 10–13 mm lange, eßbare, 4samige Scheinfrucht. Samen rundlich-birnförmig, bis 6 mm lang. Tierverbreitung.
Vorkommen: Die Zwerg-Vogelbeere wächst vorwiegend auf kalkreichen Böden in lichten, sonnigen Bergwäldern, an Felsen, auf Schutt und in Schluchten von 800–2000 m. Verbreitet im Zwergstrauchgürtel der Alpen, selten im Schwarzwald und in den Vogesen.
Verwendung: Die Früchte sind eßbar. Sie wurden in Hungerjahren getrocknet und gemahlen als Brotzusatz verwendet.

Mehlbeerbaum, Silberbaum ***Sorbus aria***
Rosengewächse *(Rosaceae)*

2–15 m hoher, winterkahler Strauch oder Baum. Rinde schwarzgrau, lange glatt bleibend, später längsrissig. Laubblätter eiförmig, kurz gestielt, 6–12 cm lang und 5–9 cm breit, oberseits glatt, glänzend grün, unterseits filzig behaart, Rand doppelt gesägt. Blüten weiß, in rispig-doldigen, weißfilzigen, aufrechten Blütenständen.
Blütezeit: Mai–Juni.
Frucht: Kugelig oder kugelig-eiförmig, rotorange, etwa 15 mm groß, 2samig. Fruchtfleisch gelb, geadert. Geschmack fade, mehlig. Fruchtreife im Oktober.
Vorkommen: An sonnigen, trockenen Hängen und Felsen, auf Felsschutt, in lichten Eichen- und Buchenwäldern von der Ebene bis ins Gebirge; häufig als Zierbaum in Gärten und an Straßen gepflanzt.
Inhaltsstoffe: Die Früchte enthalten Vitamin C, Provitamin A, Pektin und Zucker.
Verwendung: Früchte zu Marmeladen, Mus und Wein. In der Volksheilkunde gegen Durchfall und Katarrh. Getrocknet als Vogel-und Hühnerfutter, in Notzeiten als Brotzusatz.

Elsbeere, Ruhrbirne ***Sorbus torminalis***
Rosengewächse *(Rosaceae)*

Winterkahler Strauch oder bis 20 m hoher Baum. Krone bei jungen Bäumen kegelförmig, bei alten hoch gewölbt und breit. Laubblätter beiderseits grün, derb, glänzend, fast ahornartig gelappt, auf jeder Seite mit 3–5 spitzen, tief eingeschnittenen Lappen, fein und meist doppelt gesägt; Herbstfärbung tiefrot-purpurn. Stiel dünn, 2–5 cm lang. Blüten weiß, 12 mm breit, in lockeren, filzigen Doldentrauben.
Blütezeit: Mai–Juni.
Frucht: Eiförmige, bis 1,5 cm lange, anfangs rötlich gelbe, bei der Reife braune, hell punktierte Scheinfrucht. Eßbar. Geschmack säuerlich. Anfangs hart, nach den ersten Frösten teigig. Samen dunkelrotbraun, länglich, dreikantig. Fruchtreife September.
Vorkommen: In warmen, kalkreichen Laubmischwäldern von der Ebene bis in mittlere Gebirgslagen. Bisweilen in Parkanlagen und Alleen gepflanzt. Allgemeine Verbreitung Europa, Algerien, Kaukasus.
Verwendung: Früchte in der Volksheilkunde gegen Durchfall und bei Ruhr. Das harte Holz zu Werkzeugteilen.

Mougeot's Mehlbeere ***Sorbus mougeotii***
Rosengewächse *(Rosaceae)*

Bis 20 m hoher, winterkahler Baum oder Strauch. Laubblätter ähnlich wie *S. aria,* Rand jedoch meist auf etwa ¼ der Blattbreite eingeschnitten, mit 8–10 Nervenpaaren, diese in den Lappen der Blätter deutlicher am Innenrand verlaufend. Zähne 1. Ordnung in der Mitte des Randes größer, nach dem Grunde und der Spitze hin kleiner werdend, im Umriß breit abgerundet. Zähne 2. Ordnung meist weniger als 1 mm lang. Blätter oberseits dunkelgrün glänzend, unterseits graufilzig. Blüten in mehr oder weniger dichten Doldenrispen.
Blütezeit: Mai–Juni.
Frucht: Rote, länglichrunde, etwa 10 mm lange, meist 3fächrige, einsamige Scheinfrucht. Fruchtreife September. Früchte eßbar.
Vorkommen: Bevorzugt kalkhaltige, steinige Böden; seltener auf Silikatgestein. In warmen, schattigen Lagen. Verbreitung: Mittel- und Südeuropäische Gebirgspflanze. Häufig in den Vogesen und im Schweizer Jura. Im Schwarzwald, in den Nordalpen und im Moselgebiet ziemlich selten.

Zweigriffliger Weißdorn ***Crataegus oxyacantha (C. laevigata)***
Rosengewächse *(Rosaceae)*

Mittelgroßer Strauch oder kleiner Baum (bis 10 m). Junge Zweige rotbraun, anfangs weichhaarig. Dornen bis 2,5 cm lang. Laubblätter abgerundet und schwach gelappt, mit keilförmigem Blattgrund, oberseits dunkelgrün, stark glänzend, unterseits gelblichgrün, ungleichmäßig gesägt. Blüten weiß, rötlich, mit 2 Griffeln, in Doldenrispen, mit unangenehmem Geruch. Formenreiche Sammelart.
Blütezeit: Mai–Juni.
Frucht: Leuchtend rote, eiförmig-kugelige, oft undeutlich kantige Scheinfrucht mit 2–3 Steinkernen (selten 1). Eßbar. Fruchtreife September.
Vorkommen: In Wäldern, Hecken, Gebüschen, vorwiegend auf trockenen Böden. In Gärten und Parkanlagen gepflanzt. Heimisch in ganz Europa.
Inhaltsstoffe: Flavonoide, Triterpensäuren, Purinderivate, ätherisches Öl, Gerbstoffe.
Verwendung: Blüten, Blätter und Früchte bei Alters- und Belastungsherz, beginnender Herzschwäche, Rhythmusstörungen. Früchte zu Marmeladen.

Eingriffliger Weißdorn ***Crataegus monogyna***
Rosengewächse *(Rosaceae)*

2–5 (–10) m hoher, sommergrüner Strauch oder Baum. Triebe kahl oder behaart. Dornen bis 2,5 cm lang. Laubblätter tief geteilt mit 3–5 spitzen, auswärts gebogenen Lappen, oberseits dunkelgrün, unterseits oft weißlichgrün und meist behaart. Blüten weiß, mit einem Griffel, in reichblütigen Doldenrispen, mit unangenehmem Geruch. Formenreiche Sammelart.
Blütezeit: Mai–Juni.
Frucht: Leuchtend rote, eiförmig-kugelige Scheinfrucht mit einem Steinkern. Mehlig, eßbar. Fruchtreife September.
Vorkommen: Verbreitet an Waldrändern, in Gebüschen, Hecken und auf Heiden. In Gärten gepflanzt. Verbreitung: Europäisch-westasiatische Pflanze.
Inhaltsstoffe: Flavonoide, Triterpensäuren, Purinderivate, ätherisches Öl, Gerbstoffe.
Verwendung: Blüten, Blätter und Früchte bei Alters- und Belastungsherz, beginnender Herzschwäche, Rhythmusstörungen. Früchte zu Marmeladen.

Hahnendorn-Weißdorn ***Crataegus crus-galli***
Rosengewächse *(Rosaceae)*

Bis 10 m hoher, winterkahler Strauch oder Baum, breit wachsend. Krone flach, sparrig. Dornen bis 8 cm lang, bisweilen leicht gebogen. Laubblätter ungeteilt, verkehrt-eilänglich, Grund keilförmig, Spitze abgerundet, 2–8 cm lang, glänzend, glatt, ledrig, einfach oder doppelt gesägt, im Herbst orangerot gefärbt. Blüten bis 1,5 cm breit. Blütenstände 10–20blütig.
Blütezeit: Mai–Juni.
Frucht: Anfangs grüne, bei der Reife im Oktober stumpfrote, oft schwach bereifte, kugelige Scheinfrucht. Durchmesser etwa 9 mm. Fruchtfleisch rot. Steinkern glatt. Nicht genießen! Eßbarkeit nicht bekannt.
Vorkommen: Der Hahnendorn-Weißdorn stammt aus dem Osten Nordamerikas. Dort wächst er an Waldrändern und auf Wiesen. Bei uns wird er gelegentlich als dekoratives Solitärgehölz in großen Gärten oder Parkanlagen gepflanzt. Bisweilen verwildert.

Scharlachdorn ***Crataegus pedicellata (C. coccinea)***
Rosengewächse *(Rosaceae)*

4–7 m hoher, sommergrüner, buschiger Strauch oder aufrecht verästelter Baum. Junge Zweige anfangs schwach behaart, braungrün, ältere graubraun bis rotbraun, kahl, glänzend. Dornen 3–5 cm lang, gerade oder leicht gebogen. Laubblätter breit eiförmig, bis 10 cm lang, grob und oft doppelt gesägt, auf bis 2 cm langen, behaarten und spärlich mit dunklen Drüsen besetzten, rinnigen Stielen. Blüten 1,5–2 cm breit, weiß, zu 6–12 in doldigen, aufrechten Blütenständen.
Blütezeit: Mai.
Frucht: Scharlachrote, fast kugelige Scheinfrucht, etwa 12 mm im Durchmesser. Fleisch mehlig. Fruchtreife September. Die Früchte bleiben noch lange nach dem Abfall der Blätter an den Zweigen hängen. Nicht genießen! Eßbarkeit nicht bekannt.
Vorkommen: Heimat Nordamerika. Seit über 100 Jahren in Europa kultiviert. Eignet sich als Solitärgehölz und als Heckenpflanze.
Verwendung: Als Herzmittel.

Ungarischer Weißdorn ***Crataegus nigra***
Rosengewächse *(Rosaceae)*

Winterkahler Strauch oder kleiner Baum. Zweige in der Jugend dicht weißfilzig, später verkahlend, rotbraun, unbewehrt oder mit kurzen, bis 1 cm langen Dornen. Laubblätter 5–9 cm lang und 4–7 cm breit, breit-eiförmig mit scharf gesägten Lappen, oberseits stumpfgrün, unterseits hellgrün, dicht behaart. Blüten 2 cm breit, purpurrosa verblühend. Blütenstände 10–14blütig.
Blütezeit: Mai–Juni.
Frucht: Kugelige Scheinfrucht, im Durchmesser 0,8–1,0 cm, glänzend schwarz, weich, mit 4–5 Steinkernen. Fruchtreife September–Oktober. Nicht genießen! Eßbarkeit nicht bekannt.
Vorkommen: Heimat Südosteuropa, Ungarn. Bei uns selten in Gärten kultiviert.
Verwendung: Wie unsere heimischen Weißdornarten *C. monogyna* und *C. oxyacantha* wird der Ungarische Weißdorn bei Alters- und Belastungsherz, beginnender Herzschwäche und Rhythmusstörungen verwendet.

Feuerdorn ***Pyracantha coccinea***
Rosengewächse *(Rosaceae)*

Immergrüner, bis 5 m hoher, sparrig-verästelter Dornstrauch. Laubblätter 2–6 cm lang, ledrig, oberseits glänzend, dunkelgrün, unterseits blaßgrün und in der Jugend etwas behaart, lanzettlich bis schmaleiförmig, feinkerbig gesägt, mit aufgesetztem Stachelspitzchen; Blattstiele kurz, behaart. Blüten 8 mm breit, zu vielen in 3–4 cm breiten, aufrechten Doldenrispen.
Blütezeit: Mai–Juni.
Frucht: Feuerrote, kugelige, etwa 0,5 cm dicke Scheinfrüchte, die bis zum Winter an den Zweigen erhalten bleiben. Fruchtreife ab September. Nicht genießen.
Vorkommen: Heimat Mittelmeergebiet und Kleinasien, an trockenen Hängen in sonniger Lage. In zahlreichen Kulturformen mit reicherem Fruchtansatz als die Wildform häufig in Gärten und Parkanlagen gepflanzt. Anspruchslos, schnittfest. Bisweilen an Straßenböschungen halbwild oder verwildert.
Verwendung: Die Früchte in der Volksheilkunde bei Durchfall und Ruhr. Früher zu Wildfruchtmarmeladen und Gelee. Die Kerne in Notzeiten als Kaffee-Ersatz.

Japanische Mispel ***Eriobotrya japonica***
Rosengewächse *(Rosaceae)*

5–7 m hoher, wintergrüner Strauch oder Baum. Krone rund. Zweige dick und in der Jugend weißwollig-filzig. Laubblätter immergrün, elliptisch bis verkehrt-eiförmig, kurz gestielt, derb, grob gezähnt, 15 bis 30 cm lang, mit deutlichen Nerven, oberseits dunkelgrün, glänzend, unterseits graubräunlich-filzig. Blüten 1–2 cm breit, weiß, in 10–15 cm langen, wollig behaarten Rispen.
Blütezeit: Oktober–Dezember.
Frucht: Pflaumenartig, goldgelb, 3–4 cm lang mit 2–3 großen, glänzend dunkelbraunen, ungenießbaren Samen. Fruchtfleisch saftig, eßbar, Geschmack angenehm säuerlich. Fruchtreife April–Juni.
Vorkommen: Heimat China. Die Japanische Mispel wurde gegen Ende des 18. Jahrhunderts nach Europa eingeführt. Im Mittelmeergebiet als frühe Obstart gepflanzt.
Verwendung: Die empfindlichen Früchte haben eine geringe Haltbarkeit und sind für den Versand nicht geeignet.

Mispel, Echte Mispel ***Mespilus germanica***
Rosengewächse *(Rosaceae)*

1–4 (–6) m hoher, winterkahler, dorniger Strauch oder Baum. Junge Zweige deutlich filzig behaart. Laubblätter lanzettlich, 6–12 cm lang, oberseits dunkelgrün, unterseits graugrün, reichlich behaart, ganzrandig oder fein gezähnt. Blüten weiß, duftlos.
Blütezeit: Mai–Juni.
Frucht: Zunächst grüne, bei der Reife braune, behaarte, apfelförmige Scheinfrucht. Am Scheitel abgeflacht, von den verlängerten, laubblattartigen Kelchblättern gekrönt. Die etwa 3 cm großen Früchte sind zunächst herb und werden erst nach längerer Lagerung im überreifen Zustand eßbar. Sie enthalten 2–5 eckige, rötliche Steinkerne.
Vorkommen: Heimat Südosteuropa. Früher in Gebieten mit mildem Klima als Obstbaum angepflanzt. In Mitteleuropa selten, wohl nur verwildert, in sonnigen Gebüschen, Wäldern und an Wegen.
Inhaltsstoffe: Die Früchte enthalten Pektine, Gerbstoffe, Invertzucker und Apfelsäure.
Verwendung: Als Obst, zu Obstwein und Marmeladen.

Felsenbirne, Ovalblättrige Felsenmispel ***Amelanchier ovalis***
Rosengewächse *(Rosaceae)*

Bis 3 m hoher, winterkahler Strauch ohne Stacheln oder Dornen. Äste grau oder braun. Laubblätter oval, 2–4 cm lang, oberseits kahl, dunkelgrün, unterseits jung dicht filzig behaart, im Alter kahl, graugrün; Rand fein gezähnt. Stiel kurz, filzig. Blüten in wenigblütigen (4–10) Blütenständen. Kelchblätter zur Blütezeit außerseits dicht filzig behaart. Kronblätter schmal, oval, 15 bis 20 mm lang, weiß.
Blütezeit: Mai–Juni.
Frucht: Etwa erbsengroße, schwarze, bläulich bereifte, kugelige, kahle Scheinfrucht, die von den Kelchblättern gekrönt ist. Eßbar, wohlschmekkend. Die Frucht enthält 5–10 flache Samen. Fruchtreife Juli–August.
Vorkommen: In sonnigen Wäldern, an warmen Felshängen, in Felsspalten und auf Felsschutt; steigt in den Alpen bis 2000 m hoch. Kalkliebend. Die Felsenbirne wird wegen ihres Blütenreichtums bisweilen in Gärten und Parkanlagen gepflanzt. Verbreitung: Europäisch-südwestasiatische Gebirgspflanze.

Kupfer-Felsenbirne ***Amelanchier lamarckii***
Rosengewächse *(Rosaceae)*

Bis 10 m hoher, winterkahler Strauch oder Baum. Äste dünn. Krone breit, locker. Laubblätter elliptisch, mit kurzer Spitze, fein gesägt, junge Blätter auf der Unterseite weiß seidenhaarig, oft auch später so bleibend; bei der Entfaltung kupferrot, später gelblich-dunkelgrün, im Herbst leuchtend rotorange. Stiel behaart, 2 cm lang. Blüten weiß, zu 8–10 in kurzen, lockeren, aufrechten oder übergebogenen, endständigen Trauben. Kelchblätter aufrecht.
Blütezeit: April–Mai.
Frucht: Erst rot, dann dunkel violett-purpurn, kugelig, etwa 1 cm dick, eßbar, süß und saftig. Fruchtreife Juli–August.
Vorkommen: Heimat östliches Nordamerika. Schon im 18. Jahrhundert in Europa kultiviert und verwildert.
Verwendung: Robustes Ziergehölz mit üppiger Blüte und wirkungsvoller Herbstfärbung. Gute Bienenweide. Im 19. Jahrhundert in Holland und Nordwest-Deutschland als Obstbaum (Korinthenbaum) gepflanzt.

Steinbeere ***Rubus saxatilis***
Rosengewächse *(Rosaceae)*

Oberirdische Stengel krautig, einjährig, nicht verholzt. Nichtblühende Sprosse niederliegend, ausläuferartig, feinstachelig. Blühende Sprosse aufrecht, 10–25 cm hoch mit doldigem Blütenstand. Laubblätter langgestielt, 3zählig, spärlich behaart, beiderseits grün, grob und doppelt gezähnt. Blütenstand 3–10blütig, doldenähnlich. Kelchblätter nach der Blüte abstehend oder zurückgebogen. Kronblätter klein, schmal, weiß. Staubblätter die Griffel überragend.
Blütezeit: Mai–Juni.
Frucht: Sammelfrucht aus wenigen, scharlachroten, kaum zusammenhängenden, saftigen Steinfrüchten bestehend. Geschmack fade. Fruchtreife Juli–August.
Vorkommen: In lichten Wäldern und Gebüschen. In der Ebene selten. Im Gebirge ziemlich verbreitet. Liebt lockere, kalkhaltige, steinige Böden. Allgemeine Verbreitung: Europa bis Sibirien.
Bemerkung: Die Steinbeere ist wahrscheinlich die einzige *Rubus*-Art, von der noch keine Bastarde bekannt sind.

Himbeere ***Rubus idaeus***
Rosengewächse *(Rosaceae)*

0,5–1,5 m hoher sommergrüner Strauch. Stengel aufrecht oder etwas überhängend, anfangs blau bereift, spärlich bis reichlich mit kleinen Stacheln besetzt. Laubblätter 3–7zählig gefiedert, oberseits hellgrün, unterseits weißfilzig, doppelt gezähnt. Blüten in rispigen Blütenständen. Kronblätter klein, schmal, oval. Kelchblätter nach der Blüte zurückgeschlagen.
Blütezeit: Mai–Juni.
Frucht: Rote, selten gelbe Sammelfrucht, die sich vom kegelförmigen Fruchtträger löst, daher hohl. Saftreich und wohlschmeckend. Fruchtreife Juli.
Vorkommen: Häufig an Waldrändern, in Waldschlägen und Gebüschen. Allgemeine Verbreitung: Europa bis Sibirien. In zahlreichen Kultursorten gepflanzt.
Inhaltsstoffe: In den Früchten organische Säuren, Mineralstoffe, Vitamin C, Pektin, Zucker, Gerbstoff, Flavone. In den Blättern Gerbstoff, Flavone, Vitamin C.
Verwendung: Früchte zu Marmeladen, Sirup, Likör, Wein, Himbeergeist. Blätter zu Kräutertees, gegen Durchfall und zu Blutreinigungstees.

Acker-Brombeere, Kratzbeere ***Rubus caesius***
Rosengewächse *(Rosaceae)*

Niedriger, winterkahler Strauch. Schößlinge anfangs aufrecht, später niederliegend, kriechend, dünn, mit den Spitzen wurzelnd, bläulich bereift, rund. Stengel ungleich stachelig, Stacheln meist schwach und kurz, gerade bis hakig gekrümmt. Blätter stets 3zählig, oberseits hellgrün, unterseits bleichgrün, kurzhaarig, grob und ungleich gezähnt. Blütenstand doldenähnlich, Kelchblätter der Frucht anliegend. Kronblätter weiß, oval.
Blütezeit: Mai–Herbst.
Frucht: Die Sammelfrucht besteht aus 5–20 schwarzen Teilfrüchtchen, die stark blau bereift sind. Geschmack fade, wäßrig. Fruchtreife ab Juli.
Vorkommen: Häufig an Wald- und Wegrändern, in Unkrautgesellschaften, Auwäldern und an Flußufern von der Ebene bis ins Gebirge. Liebt nährstoffreiche, tonige, kalkhaltige Böden. Allgemeine Verbreitung: Europa bis Westasien.
Bemerkung: Kreuzt sich mit fast allen anderen *Rubus*-Arten.

Brombeere ***Rubus fruticosus agg.***
Rosengewächse *(Rosaceae)*

0,5–3 m hoher Strauch. Stengel meist bogig überhängend, bestachelt. Laubblätter 3–5-, gelegentlich bis 7zählig gefiedert. Beiderseits grün oder unterseits grau- bis weißfilzig. Blüten weiß oder schwach rosa in meist reichblütigen Blütenständen. Sehr formenreich mit meist schwer unterscheidbaren Kleinarten (agg. = aggregare, d.h. einer Schar angeschlossen; in Europa etwa 1500 Arten beschrieben).
Blütezeit: Juni–August.
Frucht: Sammelfrucht aus zahlreichen Steinfrüchten, tiefschwarz glänzend, zusammen mit dem kegelförmigen Blütenboden abfallend. Die Früchte der meisten Arten schmecken gut. Fruchtreife August–Oktober.
Vorkommen: In Mittel- und Westeuropa häufig in Wäldern, Hecken, Gebüschen und an Waldrändern. In zahlreichen Kultursorten gepflanzt.
Inhaltsstoffe: In den Früchten Vitamin A, C, Pektin und Fruchtsäuren. In den Blättern Gerbstoff, Flavone, Vitamin C und organische Säuren.
Verwendung: Früchte zu Marmeladen, Saft, Wein und Likör. Blätter gegen Durchfall, zum Gurgeln bei Mund- und Halserkrankungen. Zu Hausteemischungen.

Zimt-Himbeere, Wohlriechende Himbeere ***Rubus odoratus***
Rosengewächse *(Rosaceae)*

2–3 m hoher, sommergrüner, ausläufertreibender Strauch. Triebe aufrecht, hellbraun, verholzend, anfangs durch Drüsenhaare klebrig. Laubblätter groß (–30 cm), handförmig, 3–5lappig, Mittellappen vergrößert, Lappen zugespitzt, doppelt gesägt, oberseits grün, unterseits heller, beiderseits behaart, lang gestielt. Blüten groß, 3–5 cm breit, purpurn, in kurzen, vielblütigen Rispen, mit angenehmem Duft.
Blütezeit: Juni–August.
Frucht: Rote, flach halbkugelige Sammelfrucht, die bei der Reife leicht abfällt. Eßbar. Die Zimt-Himbeere bildet in Mitteleuropa selten Früchte aus.
Vorkommen: Heimat östliches Nordamerika. Der Strauch gedeiht gut im Halbschatten. Er eignet sich besonders als Unterwuchs unter Bäumen und bevorzugt größere Plätze, an denen er leicht verwildern kann. Für kleinere Gärten wenig geeignet.

Wald-Erdbeere ***Fragaria vesca***
Rosengewächse *(Rosaceae)*

5–30 cm hohe Rosettenpflanze mit langen, am Boden kriechenden Ausläufern, die an den Knoten wurzeln. Laubblätter dreizählig, oval-eiförmig, grob gesägt, oberseits grün, glänzend, unterseits seidig glänzend. Blüte mit 5 weißen Kronblättern. Blütenstiele anliegend oder aufrecht abstehend behaart.
Blütezeit: Mai–Juli.
Frucht: Scheinbeere karminrot, fleischig, kugel- oder eiförmig, Durchmesser etwa 1 cm, leicht abfallend. Nüßchen eiförmig, 0,8–1,5 mm lang, braun, nicht in Gruben eingesenkt. Früchte wohlschmeckend.
Vorkommen: Verbreitet an Waldrändern, Waldwegen, in lichten Wäldern und Waldschlägen. Verbreitung: Eurasiatische Pflanze.
Inhaltsstoffe: In den Früchten Zucker, Vitamin C, Pektin, Fruchtsäuren. In den Blättern Gerbstoff, ätherisches Öl und Flavone.
Verwendung: Die süßen und saftreichen Früchte zu Kompott, Saft, Bowle und Marmelade. Blätter zu Hausteemischungen; bei Durchfall, Bestandteil von Blutreinigungstees.

Indische Scheinerdbeere ***Fragaria indica***
Rosengewächse *(Rosaceae)*

Stengel bis 50 cm lang, ausläuferartig verlängert, niederliegend, an den Knoten Wurzeln treibend. Laubblätter gestielt, 3zählig gefingert, zahlreich. Blüten einzeln in den Blattachseln, langgestielt, oft eingeschlechtig. Blütenstiele die Blätter überragend. Blüten goldgelb.
Blütezeit: Mai–Oktober.
Frucht: Leuchtend rote Scheinbeere, weich, kugelförmig, mit zahlreichen, erhaben aufsitzenden Nüßchen. Geschmack fade, süßlich.
Vorkommen: Heimat Südostasien. Als Zierpflanze kultiviert, bisweilen verwildert. Am Alpensüdfuß stellenweise völlig eingebürgert; an Wegrändern, in Hecken und Unkrautgesellschaften.
Bemerkung: Die Indische Scheinerdbeere wurde der „Erdbeerfrucht“ wegen zur Gattung *Fragaria* gestellt. Nach den übrigen Merkmalen gehört sie zu den Fingerkräutern *(Potentilla)*.

Essig-Rose, Gallische Rose ***Rosa gallica***
Rosengewächse *(Rosaceae)*

50–150 cm hoher, unterirdisch weitkriechender Strauch. Stacheln verschiedenartig, sehr dicht stehend. Laubblätter an den Blütenzweigen meist 5zählig gefiedert, z. T. immergrün. Teilblätter länglich-elliptisch bis fast rund, ledrig, meist doppelt gezähnt, oberseits glänzend, dunkelgrün, am Rand drüsig. Blüten meist einzeln, selten zu 2–3 in den Blattachseln; wohlriechend. Blütendurchmesser 5–7 cm.
Blütezeit: Juni–Juli.
Frucht: Scheinfrucht kugelig oder birnförmig, fleischrot, braunrot, etwa 1–1,5 cm lang, etwas stacheldrüsig. Nüßchen hellgelb, steinhart. Schalen gekocht eßbar.
Vorkommen: Kalkliebend. In lichten Laubgehölzen, auf Magerwiesen, an Wald- und Wegrändern. Verbreitung: Südeuropäische Pflanze. Früher oft gepflanzt. Stammform vieler europäischer Gartenrosen.
Inhaltsstoffe: In den Blütenblättern ätherisches Öl.
Verwendung: Blütenblätter zur Gewinnung des Rosenöls.

Filz-Rose ***Rosa tomentosa***
Rosengewächse *(Rosaceae)*

½–2 m hoher Strauch. Stacheln wenig gebogen, nie sichelförmig, mit breiter Ansatzfläche. Laubblätter 5- und 7zählig gefiedert. Teilblätter breitoval bis elliptisch, unterseits meist ohne Stieldrüsen, mit großen Zähnen. Blüten einzeln oder in mehrblütigen Dolden, hellrosa bis blaßrot. Äußere Kelchblätter mit meist breit-lanzettlichen, drüsig gezähnten Fiedern, nach der Blüte ausgebreitet, zuletzt zurückgeschlagen abstehend.
Blütezeit: Juni.
Frucht: Scheinfrucht kugelig bis birnförmig, ½–1½ cm lang, rot. Fruchtstiel meist 2–3mal so lang wie die Frucht. Schalen gekocht eßbar.
Vorkommen: In Laubmischwäldern und Gebüschen mit tiefgründigen, kalkhaltigen, sandigen bis lehmigen Böden. Verbreitung: Europäische Pflanze.
Inhaltsstoffe: Früchte enthalten Vitamin C.
Verwendung: Die vitaminreichen Früchte zu Hagebuttenmus, Marmelade und Wein; getrocknet als Tee bei Erkältungskrankheiten und Bestandteil von Haustees.

Hunds-Rose, Hecken-Rose *Rosa canina*
Rosengewächse *(Rosaceae)*

1–3 (–5) m hoher Strauch. Stacheln sichelförmig gebogen, am Grund mit breiter Ansatzfläche. Laubblätter 5- und 7zählig gefiedert. Teilblätter eiförmig bis elliptisch, kahl. Blattstiele kahl. Blüten in mehrblütigen Doldenrispen. Blüten blaßrosa bis hellrosa, 5–6 cm breit, schwach duftend. Kelchblätter nach der Blüte zurückgeschlagen und vor der Fruchtreife abfallend.
Blütezeit: Juni.
Frucht: Scheinfrucht eiförmig bis kugelig, kahl, 1–2 cm groß, scharlachrot. Nüßchen kantig, steinhart. Schalen gekocht eßbar.
Vorkommen: Verbreitet an Waldrändern, in Hecken und Gebüschen. Verbreitung: Eurasiatische Pflanze.
Inhaltsstoffe: In den Früchten viel Vitamin C, daneben Vitamin B_1, B_2, K, Flavone, Gerbstoff, Pektin.
Verwendung: Frische Hagebutten zur Bereitung von Mus, Marmelade, Saft und Wein. Getrocknete Früchte als Tee bei Erkältungskrankheiten und als Bestandteil von Hausteemischungen.

Wein-Rose ***Rosa rubiginosa (R. eglanteria)***
Rosengewächse *(Rosaceae)*

1–2 m hoher Strauch. Stacheln hakig gekrümmt, mit feinen Nadelstacheln untermischt. Laubblätter an den Blütenzweigen 5–7zählig gefiedert. Teilblätter oval bis rundlich, 1–3 cm lang, doppelt gezähnt, derb, unterseits dicht drüsig, mit feinem Weingeruch. Nebenblätter breit. Blüten einzeln oder in vielblütigen Trugdolden, tiefrosa, seltener blaß, 3–4 cm breit. Blütenstiele etwa 1 cm lang, dicht mit Stieldrüsen besetzt. Kelchblätter nach der Blüte aufgerichtet, bis zur Fruchtreife bleibend.
Blütezeit: Juni–Juli.
Frucht: Scheinfrucht kugelig oder eiförmig, kahl oder stieldrüsig bis weichstachelig, ledrig, rot. Schalen gekocht eßbar.
Vorkommen: Verbreitet an Waldrändern, felsigen Hängen, auf Weiden und Trockenwiesen. Eurasiatische Pflanze.
Inhaltsstoffe: Früchte mit hohem Vitamin C-Gehalt.
Verwendung: Frische Hagebutten zu Mus, Wein und Marmelade. Getrocknete Früchte ergeben einen vitaminreichen Tee. Der Vitamin C-Gehalt erhält sich am besten in 50% gezuckerter Marmelade und in Most.

Rotblättrige Rose ***Rosa glauca (R. rubrifolia)***
Rosengewächse *(Rosaceae)*

1–3 m hoher Strauch. Zweige auffallend rotviolett und hechtblau überlaufen. Stamm und Äste mit gleichartigen, wenig gebogenen bis hakig gekrümmten Stacheln besetzt. Blütenzweige selten ohne Stacheln. Laubblätter an den Blütenzweigen 5- und 7zählig gefiedert. Teilblätter oval, 2–4 cm lang, fast immer einfach gezähnt, mit nach vorn gerichteten Zähnen, im unteren Drittel oder Viertel ganzrandig, blaugrün oder kupferrot, kahl. Blütenstand meist 3blütig (1–5); Blütenstiele 1–2 cm lang, kahl. Blüten 3–4 cm breit, schwach duftend.
Blütezeit: Juni–Juli.
Frucht: Scheinfrucht kugelig bis eiförmig, orange- bis scharlachrot, kahl, ledrig. Schalen gekocht eßbar.
Vorkommen: Selten auf sonnigen Felsbänken und trockenen Standorten; auf kalkreicher und kalkarmer Unterlage. Verbreitung: Mittel- und südeuropäische Gebirgspflanze; Pyrenäen, Vogesen, Alpen, Apennin, Karpaten. Als Zierpflanze kultiviert und selten verwildert.

Bibernell-Rose ***Rosa pimpinellifolia (R. spinosissima)***
Rosengewächse *(Rosaceae)*

10–40 (selten bis 100) cm hoher Strauch, der an unterirdischen Achsen neue Schößlinge treibt und so ganze Kolonien bildet. Stamm und Zweige dicht mit verschiedenartigen Stacheln besetzt. Laubblätter an den Blütenzweigen meist 7- oder 9zählig gefiedert, Teilblätter oval, klein, 1–2 cm lang, einfach, selten doppelt gezähnt, oberseits dunkelgrün, unterseits hellgrün, nicht behaart und meist ohne Drüsen. Hochblätter fehlen. Blütenstand meist einblütig. Blütenstiele 1–3 cm lang. Blütendurchmesser etwa 4 cm. Kronblätter meist weiß, selten rosa.
Blütezeit: Mai–Juni.
Frucht: Scheinfrucht rundlich, schwarzbraun, Durchmesser unter 1 cm. Fruchtreife September.
Vorkommen: Auf kalkhaltigen, trockenen, steinigen Böden, aber auch auf Sanddünen. Pionierpflanze und Bodenfestiger. Verbreitung: Eurasiatische Pflanze. In verschiedenen Kultursorten in Gärten und Parkanlagen gepflanzt.

Alpen-Hagrose, Gebirgs-Rose *Rosa pendulina*
Rosengewächse *(Rosaceae)*

0,5–2,5 m hoher Strauch, der an unterirdischen Achsen neue Schößlinge treibt. Stacheln meist spärlich an den unteren Stammteilen. Laubblätter an den Blütenzweigen 7- und 9zählig gefiedert, Teilblätter oval, oberseits dunkelgrün, unterseits heller grün, meist doppelt gesägt, kahl; Blattstiele meist mit Stieldrüsen. Blütenstand meist einblütig. Blüten rosa bis dunkelrot. Blütendurchmesser etwa 4 cm. Blütenstiele 1–3 cm lang, meist mit Stieldrüsen besetzt.
Blütezeit: Juni–Juli.
Frucht: Scheinfrucht flaschenförmig, selten kugelig, oft mit Stieldrüsen und Stachelborsten besetzt von den zusammenneigenden Kelchblättern gekrönt. Schalen gekocht eßbar.
Vorkommen: In Mischwäldern, Hochstaudenfluren und Alpenheiden bis zur Waldgrenze oder etwas darüber. Verbreitung: Gebirge Mittel- und Südeuropas.
Verwendung: Die vitaminreichen Früchte zu Hagebuttenmus, Marmelade und Wein; getrocknet als Tee bei Erkältungskrankheiten und Bestandteil von Haustees.

Kartoffel-Rose, Runzel-Rose ***Rosa rugosa***
Rosengewächse *(Rosaceae)*

1–2 m hoher, buschiger Strauch. Zweige und Stamm dicht mit Haarfilz, Stachelborsten und behaarten Stacheln besetzt. Laubblätter 10–20 cm lang, 5–9zählig gefiedert. Teilblätter eiförmig, derb, grob gesägt, oberseits dunkelgrün, kahl, glänzend, auffallend runzelig, unterseits graugrün, behaart und öfters drüsig. Blattstiel filzig behaart. Blütenstand mehrblütig. Blüten karminrot, selten weiß, 6–8 cm groß, mit angenehmem Duft.
Blütezeit: Mai–Juni (–Oktober).
Frucht: Scheinfrucht flachkugelig, bis zu 2,5 cm dick, erst ziegelrot, später scharlachrot, fleischig, mit aufrechtem, langzipfligem Kelch. Schalen gekocht eßbar.
Vorkommen: Heimat Japan, Korea, Nordchina. In Mitteleuropa seit 1860 in Kultur. An Straßen, in Gärten und Parkanlagen gepflanzt, oft verwildert.
Inhaltsstoffe: In den Früchten viel Vitamin C.
Verwendung: Fruchtfleisch zu Hagebuttenmus, Wein und Marmelade. Die fleischigen Scheinfrüchte dieser oft gepflanzten Art sind sehr ergiebig.

Traubenkirsche, Ahlkirsche *Prunus padus*
Rosengewächse *(Rosaceae)*

Bis 15 m hoher, winterkahler Strauch oder Baum. Die abgebrochenen Zweige haben einen herben, charakteristischen Geruch. Laubblätter eirundlich bis eilanzettlich, zugespitzt, fein und scharf gesägt, 8–12 cm lang. Blüten weiß, in reichblütigen, hängenden bis fast aufrechten, 8–15 cm langen Trauben mit herbbetäubendem Geruch.
Blütezeit: April–Mai.
Frucht: Schwarzglänzende, bittersüße, kugelige Steinfrucht. Steinkern rundlich-eiförmig, grubig gefurcht. Die Samen der Steinkerne sind giftig! Fruchtfleisch eßbar.
Vorkommen: Bevorzugt feuchte und nährstoffreiche Böden. Verbreitet in Au- und Bruchwäldern, Hecken, feuchten Laubwäldern, an Flußufern und Waldrändern. Zur Bodenbefestigung. In Gärten und Parkanlagen auch als Zierstrauch gepflanzt.
Verwendung: Das Fruchtfleisch in Notzeiten zu Saft und Marmeladen. Die übrigen Pflanzenteile sind giftig! Rinde junger Zweige früher in der Volksheilkunde als hustenreizstillendes Mittel. In der Homöopathie.

Schlehdorn, Schwarzdorn, Schlehe ***Prunus spinosa***
Rosengewächse *(Rosaceae)*

1–3 m hoher Strauch, der sich durch Kriechwurzeln und Schößlinge stark ausbreitet. Zweige mit harten Dornspitzen und dunkler Rinde. Die kleinen, eiförmigen bis lanzettlichen Laubblätter sind gestielt und am Rand gesägt. Sie erscheinen erst nach der Blüte.
Blütezeit: April–Mai.
Frucht: Einsamige Steinfrucht, schwarzblau, hell bereift, rundlich, 10–17 mm groß. Eßbar. Geschmack herb-zusammenziehend, nach den ersten Frösten milder. Das Fruchtfleisch haftet fest am ovalen, feingerunzelten Kern. Er enthält einen gelblichen Samen, der nach Bittermandel schmeckt und nicht verzehrt werden sollte. Fruchtreife im Oktober.
Vorkommen: Auf trockenwarmen, nährstoffreichen Böden. Verbreitet in Gebüschen, an Wald- und Wegrändern.
Inhaltsstoffe: In den Früchten Gerbstoffe und Vitamin C.
Verwendung: Aus dem Fruchtfleisch bereitet man Saft, Wildfruchtmarmelade, Schlehenwein und Likör. Blüten getrocknet als Abführ- und Blutreinigungstee. Das harte Holz eignet sich zu Drechslerarbeiten.

Pfirsich ***Prunus persica***
Rosengewächse *(Rosaceae)*

2–8 m hoher, sommergrüner Strauch oder Baum. Zweige kahl, rot, oft etwas kantig. Laubblätter lanzettlich, am Rand gesägt, 5–15 cm lang, beiderseits dunkelgrün, kahl. Blüten einzeln oder in Paaren, meist sitzend. Kronblätter oval, bis 2 cm lang, rötlich. Blütenstiele kurz bis fehlend.
Blütezeit: April–Mai.
Frucht: Steinfrucht fast kugelig, etwa 5–8 cm im Durchmesser, mit einseitiger Längsfurche, rötlich bis gelb, an der Sonnenseite meist mit roter Backe, samtig-filzig, gelbfleischig, saftig, aromatisch. Steinkern tief gefurcht, 3–4 cm lang, etwas zusammengedrückt, in der Regel einsamig.
Vorkommen: Heimat wahrscheinlich China. In Mitteleuropa seit dem 5. Jahrhundert in Weinbaugebieten gepflanzt. Frostempfindlich. Selten verwildert.
Inhaltsstoffe: In den Früchten Fruchtsäuren, Pektin.
Verwendung: Früchte als Obst, zu Marmelade. Öl von Pfirsichkernen wie Mandelöl. Blätter in der Volksheilkunde bei Rheuma, Hustenreiz und Blasenschwäche.

Aprikose *Prunus armeniaca*
Rosengewächse *(Rosaceae)*

3–10 m hoher Strauch oder Baum. Junge Triebe kahl. Rinde rötlichbraun, glänzend, kahl. Laubblätter breit eiförmig, rundlich, kurz zugespitzt, beiderseits dunkelgrün, kahl, 5–10 cm lang, Rand oft gezähnt. Blattstiel 2–3 cm lang, mit einigen höckrigen Drüsen. Blüten weiß bis rötlich, einzeln oder in Paaren. Blütenstiele kurz, flaumig behaart.
Blütezeit: April.
Frucht: Steinfrucht fast kugelig, mit einseitiger Längsfurche, meist gelb mit roter Backe, weich behaart, Fruchtfleisch sich leicht vom Stein lösend. Steinkern rauh, etwas scharfkantig.
Vorkommen: Heimat Mittel- und Ostasien. In Südeuropa schon seit der Antike kultiviert. In Mitteleuropa nur in Gebieten mit mildem Weinbauklima gepflanzt, kaum verwildert. Die meisten Kultursorten sind nicht genügend frosthart.
Inhaltsstoffe: In den Früchten Zucker und Fruchtsäuren, in den Samen Amygdalin und fettes Öl.
Verwendung: Früchte als Obst, zu Marmelade.

Felsenkirsche, Steinweichsel ***Prunus mahaleb***
Rosengewächse *(Rosaceae)*

1–6 m hoher, sommergrüner, sparrig-ästiger Strauch, selten bis 12 m hoher Baum. Junge Triebe fein behaart, oft klebrig. Laubblätter rundlich mit aufgesetzter Spitze, beiderseits dunkelgrün, mit feinen, abgerundeten Zähnen. Blattstiele 1–2 cm lang, meist drüsenlos, kahl. Blüten weiß, in 4–12blütigen Trauben. Blütenstiele 1–2 cm lang.
Blütezeit: April–Mai.
Frucht: Steinfrucht erbsengroß, rundlich-eiförmig, erst gelblich, dann rot, zuletzt schwarz, glänzend, saftarm, Fruchtsaft dunkelviolett, bitter. Steinkern 6–7 mm lang, glatt. Fruchtreife August. Nicht genießen! Eßbarkeit nicht bekannt.
Vorkommen: Selten auf trockenen, meist kalkhaltigen Böden, an sonnig-warmen Felshängen und in trockenen Gebüschen. Verbreitung: Südeuropa, Südwestasien.
Verwendung: Als Pfropfunterlage für Süß- und Sauerkirschen. Das Holz zu Drechsler- und Tischlerarbeiten. Frische Rinde junger Zweige in der Homöopathie. Blätter zur Bereitung der Mandelmilch.

Süßkirsche, Vogelkirsche ***Prunus avium***
Rosengewächse *(Rosaceae)*

Bis 25 m hoher Baum mit aufstrebenden Ästen. Rinde rotgrau bis schwarz, sich bandförmig ablösend. Blätter länglich verkehrt-eiförmig, kurz zugespitzt, gesägt, 6–15 cm lang; Blattstiele 2–5 cm lang, oberseits gefurcht mit 1 oder 2 Drüsen. Blüten weiß, langgestielt, in Büscheln auf vorjährigen Trieben.
Blütezeit: April–Mai vor dem Austrieb der Blätter.
Frucht: Dünnfleischig, kugelig, im Durchmesser bis 1,5 cm, zunächst gelblich, dann dunkelrot, zuletzt schwarzrot, glänzend. Fruchtfleisch eßbar, Geschmack bittersüß. Steinkern hell, glatt, länglich-eiförmig mit einem nach Bittermandel schmeckenden, giftigen Samen.
Vorkommen: Verbreitet, aber meist einzeln an Waldrändern, in Wäldern und Gebüschen. In verschiedenen Formen kultiviert.
Verwendung: Die Früchte der Wildform werden meist von Vögeln geerntet. Die Süßkirsche liefert ein wertvolles Nutzholz für den Möbelbau. Die Früchte der zahlreichen Kultursorten sind als früh reifendes, wohlschmeckendes Obst geschätzt.

Zwerg-Kirsche *Prunus fruticosa*
Rosengewächse *(Rosaceae)*

0,5–1 m hoher, sommergrüner, ausläufertreibender Strauch. Zweige sparrig abstehend, kahl. Laubblätter klein, 2–4 cm lang, kerbig gesägt, dunkelgrün, glänzend, kurz gestielt, Blattstiel ohne Drüsen. Blüten zu 2–5, in sitzenden Dolden. Blütenstiele 1–3 cm lang. Kronblätter reinweiß, zart, verkehrt-eiförmig, meist deutlich ausgerandet, 5–7 mm lang.
Blütezeit: April–Mai.
Frucht: Steinfrucht kugelig, erbsengroß, bis 1 cm dick, korallenrot. Steinkern rundlich, auf beiden Seiten spitz, mit 2 Kanten, 5–9 mm lang. Fruchtfleisch erst in völlig reifem Zustand eßbar. Geschmack säuerlich.
Vorkommen: Selten in sonnigen, trockenen Gebüschen, an Wegrändern und Weinbergmauern; vorwiegend auf Kalk-, Basalt- und Lehmböden. Verbreitung: Südosteuropäisch-westasiatische Pflanze; westliche Verbreitungsgrenze am Oberrhein.

Zwerg-Mandelbaum ***Prunus tenella (P. nana)***
Rosengewächse *(Rosaceae)* ☠

50–150 cm hoher, winterkahler, ausläufertreibender Strauch. Zweige dünn, kahl, rundlich, glänzend, grün bis braun; zweijährige Zweige silbergrau. Laubblätter undeutlich gestielt, lanzettlich bis schmal elliptisch, scharf gesägt, glänzend, kahl, grün, 3–7 cm lang. Blüten einzeln, selten zu 2 oder 3, sitzend, bis 3 cm breit. Kronblätter länglich, rosarot. Staubblätter 4–8 mm lang; Staubfäden rötlich.
Blütezeit: März–Mai.
Frucht: Steinfrucht eiförmig, haselnußgroß, gelbgrau, zottig behaart. Steinkern netzig runzelig, breit eiförmig. Geschmack der Samen bitter. Giftig!
Vorkommen: In Trockenwiesen und sonnigen Gebüschen. Verbreitung: sibirisch-pontische Art (Niederösterreich, Neusiedler See, Ungarn). Als Zierstrauch in verschiedenen Kulturformen gepflanzt. Eignet sich für Steingärten und kleine Terrassengärten.
Inhaltsstoffe: In den Samen Blausäureglykoside!
Verwendung: Früher zur Herstellung von Bittermandelwasser.

Kirschlorbeer, Lorbeerkirsche ***Prunus laurocerasus***
Rosengewächse *(Rosaceae)* ☠

2–6 m hoher, immergrüner Strauch oder kleiner Baum. Laubblätter 10–15 cm lang, lederig, dunkelgrün, oberseits glänzend. Blüten klein, weiß, 5zählig, ausgebreitet, in aufrechten, vielblütigen Trauben.
Blütezeit: April–Mai.
Frucht: Kugelig-eiförmige, unter 1 cm dicke, schwarze Steinfrüchte. Steinkern schief-eiförmig, spitz, glatt, mit schwarzem Längswulst. Das Fruchtfleisch ist eßbar.
Vorkommen: Heimat Südosteuropa, Kleinasien. Bei uns in verschiedenen Kultursorten als Zierstrauch in Gärten und Parkanlagen gepflanzt. Bevorzugt luftfeuchte, schattige Standorte.
Inhaltsstoffe: Alle Teile des Kirschlorbeers mit Ausnahme des Fruchtfleisches enthalten giftige Blausäureglykoside!
Verwendung: Früher wurde aus den frischen Blättern Kirschlorbeerwasser hergestellt, das wie Bittermandelwasser verwendet wurde. In der Homöopathie wird eine aus frischen Blättern bereitete Essenz bei Herzschwäche, Reizhusten, Atemnot und Heiserkeit angewendet.

Sanddorn, Seedorn, Meerdorn, Stranddorn ***Hippophaë rhamnoides***
Ölweidengewächse *(Elaeagnaceae)*

2–6 m hoher, stark dorniger, zweihäusiger Strauch oder Baum. Einjährige Zweige glänzen silbergrau. Laubblätter wechselständig, lineallanzettlich, ganzrandig, unterseits silbergrau bis kupferrot glänzend, kurz gestielt. Blüten unscheinbar.
Blütezeit: Die Blüten erscheinen vor den Laubblättern im April.
Frucht: Scheinbeere. Klein, fast rundlich, orangerot, saftreich, meist einsamig. Geruch etwas eigenartig, Geschmack sauer. Samen glänzend braun. Fruchtreife im September. Die eßbaren Beeren bleiben oft den ganzen Winter über am Strauch.
Vorkommen: In kiesigen, sandigen Auwäldern und Küstendünen. Geschützt. Oft als Zierstrauch und zur Bodenbefestigung angepflanzt.
Inhaltsstoffe: Sanddornbeeren enthalten viel Vitamin C, außerdem die Vitamine B, E, F, P, Fruchtsäuren, Mineralstoffe, Flavonoide und Anthocyane.
Verwendung: Beeren zur Bereitung von wohlschmeckenden, vitaminreichen Säften, Marmeladen und Gelees.

Schmalblättrige Ölweide ***Elaeagnus angustifolia***
Ölweidengewächse *(Elaeagnaceae)*

Bis 7 m hoher, sommergrüner Strauch oder Baum. Junge Zweige silbrigweiß, oft dornig. Laubblätter lanzettlich bis länglich, 8–25 mm breit, 5–7 cm lang, oberseits stumpfgrün, unterseits silbrig-schuppig. Blüten gelblich, unscheinbar, zu 1–3 in den Blattachseln an den unteren Zweigenden, stark duftend.
Blütezeit: Mai–Juni.
Frucht: Steinfruchtartig, länglich, 1,2 cm lang, unreif grün, später gelbbraun, silberschuppig, mehlig, mit süßlichem Geschmack. Bildet in Mitteleuropa nur in den wärmeren Gebieten Früchte aus. Eßbar.
Vorkommen: Heimat Westasien und östliches Mittelmeergebiet. Die Schmalblättrige Ölweide erträgt hohe Salzkonzentrationen im Boden und ist wenig empfindlich gegen Luftverschmutzung. Sie wird als widerstandsfähiges Ziergehölz in Gärten und Parkanlagen und zur Befestigung von Böschungen und Dünen gepflanzt. Stellenweise verwildert. Leidet unter strengem Frost.
Verwendung: Die Früchte werden in Südeuropa zu Süßigkeiten verarbeitet.

Roßkastanie ***Aesculus hippocastanum***
Roßkastaniengewächse *(Hippocastanaceae)*

15–30 m hoher, winterkahler Baum. Krone groß, kugelig gewölbt. Knospen stark klebrig. Laubblätter 5–7zählig gefingert, auf langen Stielen. Blüten weiß, mit gelbem, später rotem Mal im Schlund, in aufrechten, kegel- oder lang-eiförmigen Rispen.
Blütezeit: April–Mai.
Frucht: Die kugeligen, gelbgrünen, weichstacheligen Kapseln enthalten 1–3 glänzend rotbraune, flachkugelige Samen mit grauweißem Nabelfleck. Früchte ungenießbar. Fruchtschalen giftig! Reife im Oktober.
Vorkommen: Heimat östliche Balkanländer. Beliebter Park- und Alleebaum. Empfindlich gegen Luftverschmutzung und Streusalz. Gelegentlich verwildert.
Inhaltsstoffe: In den Samen 30–60% Stärke, Bitterstoffe, fettes Öl und Aesculussaponin; in den Blättern Aesculin, Fraxin und Scopolin.
Verwendung: Als venentonisierendes, ödemausschwemmendes Mittel in vielen pharmazeutischen Präparaten. Kastanien als Wild- und Viehfutter; bei der Stärkeherstellung anfallendes Öl zur Seifenherstellung. Nutzwert des Holzes gering (Brennholz).

Gewöhnliche Pimpernuß ***Staphylea pinnata***
Pimpernußgewächse *(Staphyleaceae)*

2–5 m hoher, sommergrüner, aufrechter Strauch. Zweige anfangs behaart, später kahl. Laubblätter gegenständig, mit 5 oder 7 Teilblättern, die seitlichen sitzend, das endständige gestielt. Teilblätter eilänglich, zugespitzt, 7–10 cm lang, fein gesägt, oben lebhaft grün, unterseits etwas bläulichgrün, zuerst flaumig behaart, später kahl. Blattstiel 5–10 cm lang. Blüten klein, glockig, weiß, in hängenden, 5–15blütigen Trauben.
Blütezeit: Mai–Juni.
Frucht: Aufgeblasen, fast kugelig. Sie besteht aus 3 verwachsenen Fruchtblättern, die eine dünnhäutige, 3–4 cm große Kapsel bilden. Samen hellbraun, glänzend, etwa 1 cm groß, kugelig. Nicht genießen!
Vorkommen: Selten im Gebüsch warmer Hänge und an sonnigen Waldrändern. In Gärten als Zierstrauch gepflanzt und gelegentlich verwildert. Verbreitung: Südosteuropäisch-westasiatische Pflanze; westliche Verbreitungsgrenze Rheingebiet.

Stechpalme, Hülse ***Ilex aquifolium***
Stechpalmengewächse *(Aquifoliaceae)* ☠

2–10 m hoher, immergrüner, zweihäusiger Strauch oder Baum. Laubblätter wechselständig, lederig, buchtig, stachelspitzig gezähnt, an den oberen Zweigen oft ganzrandig und eiförmig. Oberseits dunkelgrün, glänzend, unterseits hellgrün, matt. Blüten weißlich, klein, kurzgestielt, büschelig in den Blattachseln.
Blütezeit: Mai–Juni.
Frucht: Die giftigen, eiförmigen bis kugeligen, zuerst grünen, dann korallenroten Beeren bleiben bis zum Frühjahr stehen. Sie enthalten 4–5 harte Steinkerne. Vogelverbreitung.
Vorkommen: Als Unterholz in schattigen Wäldern in wintermilder Klimalage. Geschützt.
Inhaltsstoffe: In den Blättern Bitterstoff, Farbstoff, Ilexsäure, Ursolsäure und Rutin. Der Wirkstoff der Beeren ist unbekannt. Sie verursachen Erbrechen und heftige Diarrhöen. Es sind auch Todesfälle vorgekommen!
Verwendung: Die Blätter der Stechpalme werden in der Volksheilkunde als fiebersenkendes und harntreibendes Mittel, bei Bronchitis, Rheuma und Gicht verwendet. Als Zierstrauch kultiviert. Zweige als Schmuckreisig.

Pfaffenhütchen, Spindelbaum ***Euonymus europaea***
Spindelbaumgewächse *(Celastraceae)* ☠

2–6 m hoher, winterkahler Strauch oder Baum. Zweige jung grün, später graugrün, glatt, vierkantig oder mit 2–4 schmalen Leisten. Laubblätter gegenständig, eiförmig-lanzettlich, gekerbt-gesägt, kahl. Blüten unscheinbar, gelbgrün, in achselständigen, gestielten Trugdolden.
Blütezeit: Mai–Juli.
Frucht: Karminrote, 4fächrige, stumpfkantige Kapsel. Samen weißlich, eiförmig, 6–7 mm lang, von orangefarbenem, fleischigem Samenmantel umgeben. Giftig! Vergiftungserscheinungen äußern sich erst nach 15–16 Stunden durch kolikartige Schmerzen, Erbrechen und blutigem, schleimigwäßrigem Durchfall.
Vorkommen: Verbreitet, aber selten gesellig, in Hecken, an Waldrändern und in Auwäldern. Wegen der schönen Herbstfärbung der Blätter und Früchte in verschiedenen Kultursorten in Gärten und Parkanlagen gepflanzt.
Inhaltsstoffe: Enthält in allen Teilen, besonders in den Samen, giftige Bitterstoffe.
Verwendung: Früher zu Drechslerarbeiten (Spindeln).

Warzen-Pfaffenhütchen *Euonymus verrucosa*
Spindelbaumgewächse *(Celastraceae)* ☠

Bis über 2 m hoher, sommergrüner Strauch mit lockeren, sparrigen Ästen. Alle Zweige dicht mit schwarzen Korkwarzen bedeckt. Laubblätter eiförmig oder länglich-elliptisch, 3–6 cm lang, fein kerbig gesägt; Blattstiele kurz, 2–3 mm lang, rinnig. Laubfärbung im Herbst blaßlila bis gelb. Blütenstände 1–3blütig auf 3–4 cm langen, dünnen Stielen; Kronblätter gelbgrün, mit roten Punkten.
Blütezeit: Mai–Juni.
Frucht: Fruchtkapsel stumpfkantig, rosenrot bis gelblichrot, meist mit 4 abgerundeten Kanten, 10–12 mm lang. Samen kugelig, 6–7 mm lang, schwarz, nur teilweise vom scharlachroten Samenmantel umhüllt. Giftig!
Vorkommen: Osteuropäische Pflanze. Westverbreitung Ostalpen, Albanien, Griechenland, isoliertes Vorkommen im Aostatal. Auf feuchten bis trockenen, meist kalkreichen Böden in Laub- und Nadelwäldern und in Gebüschen.

Breitblättriges Pfaffenhütchen ***Euonymus latifolia***
Spindelbaumgewächse *(Celastraceae)* ☠

1–5 m hoher, sommergrüner Strauch. Zweige langrutig, rundlich, schwach zusammengedrückt, im Querschnitt nie quadratisch. Endknospen und oberste Seitenknospen auffallend vergrößert. Laubblätter groß, länglich-elliptisch, 7–12 cm lang, feinkerbig gesägt; Blattstiel bis 1 cm lang, oben rinnig. Blüten unscheinbar, grünlich, achselständig; Blütenstände 6–15blütig.
Blütezeit: Mai–Juni.
Frucht: Kapsel 5- (selten 4-)kantig, bis 1,5 cm lang und 2–2,5 cm breit, karmin- oder purpurrot; Kanten (mitunter sehr schmal) geflügelt. Samen weißlich, 7 mm lang, in den orangeroten Samenmantel ganz eingehüllt. Giftig! Reifezeit September–Oktober.
Vorkommen: In den Alpenländern und selten im Alpenvorland. Meist vereinzelt auf feuchtem bis ziemlich trockenem, humosem Boden, in lichten Mischwäldern, Gebüschen, Schluchten und Waldschlägen. Allgemeine Verbreitung: Mittel-und südeuropäische Gebirgspflanze. Selten in Gärten kultiviert.

Faulbaum, Pulverholz ***Frangula alnus***
Kreuzdorngewächse *(Rhamnaceae)*

1–3 (–6) m hoher Strauch oder Baum. Zweige ohne Dornen. Rinde jung grün, später graubraun mit quergestellten, grauweißen Korkwarzen. Laubblätter wechselständig, eiförmig-elliptisch, ganzrandig. Blüten zwittrig, klein, grünlich-weiß, stark duftend, in 2–10blütigen, blattachselständigen Trugdolden.
Blütezeit: Mai–Juni.
Frucht: Kugelige, anfangs grüne, später rote, zur Reife schwarz-violette, 2–3samige Steinfrucht. Samen breit, flach, 5 mm lang, mit langer, schmaler Furche. Die Beeren sind giftig! Vergiftungserscheinungen äußern sich in Schwindelgefühl, Erbrechen, Koliken, blutigen Durchfällen und Kollapszuständen.
Vorkommen: Häufig in lichten Wäldern und Gebüschen.
Inhaltsstoffe: Frische Faulbaumrinde enthält brechenerregende Anthronderivate, die sich beim Lagern in Glucofrangulin und Frangulin umwandeln. Außerdem Frangulanin, Franganin, Gerbstoffe und Bitterstoffe.
Verwendung: Das Holz früher zu Schießpulverkohle. Rinde, die 1 Jahr gelagert wurde, als Abführmittel.

Kreuzdorn, Purgier-Kreuzdorn ***Rhamnus cathartica***
Kreuzdorngewächse *(Rhamnaceae)* ☠

1–3 (–8) m hoher, winterkahler Strauch oder krummstämmiger Baum. Zweige sparrig abstehend, oft mit end- oder gabelständigen Dornen. Laubblätter gegenständig, kerbig gesägt, kreisrundlich bis elliptisch mit 3–4 stark gebogenen Nervenpaaren. Blüten unscheinbar, gelbgrün in blattachselständigen Trugdolden.

Blütezeit: Mai–Juni.

Frucht: Anfangs grüne, zur Reife schwarze, bittere Beeren. Samen 5 mm lang, dreikantig mit schmalem Spalt. Nach dem Verzehr größerer Mengen unreifer Beeren wurden Erbrechen, Durchfall und Bauchschmerzen beobachtet.

Vorkommen: Auf trockenen, steinigen Plätzen und in feuchten Auwäldern und Mooren.

Inhaltsstoffe: In den Beeren Anthrachinonderivate, Flavonoide und Farbstoffe.

Verwendung: Reife Kreuzdornbeeren früher in Form eines Sirups oder getrocknet als Abführmittel. In der Volksheilkunde als harntreibendes und blutreinigendes Mittel, bei Gicht, Wassersucht, Steinleiden, Rheuma.

Felsen-Kreuzdorn ***Rhamnus saxatilis***
Kreuzdorngewächse *(Rhamnaceae)*

50–100 cm hoher, aufrechter bis bogig aufsteigender oder niederliegender Strauch. Äste sparrig abstehend, am Ende meist verdornt; einjährige Zweige ± behaart, mit hellrotbrauner, später silbergrauer oder olivbrauner, leicht abblätternder Rinde. Laubblätter elliptisch bis verkehrt-eiförmig, beidseitig zugespitzt oder am Grund ± keilig, 1–3 cm lang, fein gesägt, oberseits hellgrün, oft kahl, unterseits behaart, mit 2–4 auffallend nach vorn gebogenen Nervenpaaren. Blattstiel 4–15 mm lang. Blüten unscheinbar, gelblichgrün, in wenigblütigen, blattachselständigen Büscheln.
Blütezeit: April–Mai.
Frucht: Steinbeere kugelig, 5–7 mm groß, glänzend schwarz, meist mit 3 braunen Samen. Giftverdächtig!
Vorkommen: Selten auf trockenen, kalkreichen, steinigen Böden. An Felshängen, auf Steinrasen und in sonnigen Wäldern. Verbreitung: Südosteuropäische Pflanze; Nordgrenze: Mittelfrankreich, Süddeutschland, Österreich.

Immergrüner Kreuzdorn ***Rhamnus alaternus***
Kreuzdorngewächse *(Rhamnaceae)* ☠

Immergrüner, 1–5 m hoher Strauch. Junge Triebe fein behaart, später kahl, ohne Dornen. Laubblätter breit lanzettlich bis eiförmig, 2–6 cm lang, entfernt grob und scharf gesägt bis fast ganzrandig, mit hellem, nach unten umgebogenem Rand, ledrig, oberseits dunkelgrün oder olivgrün, glänzend, unterseits blaugrün, beiderseits kahl, 3–5nervig. Blattstiel 4–6 mm lang. Blüten sehr klein, gelblichgrün, in kurzen, büscheligen, 6–12blütigen Trauben in Blattachseln.
Blütezeit: März–April.
Frucht: Rote, später schwarze Beeren, die am Grunde vom schalenförmigen, glattrandigen Kelchbecher umgeben sind; Durchmesser 4–6 mm. Giftverdächtig!
Vorkommen: Auf kalkhaltigen Böden an sonnig heißen Plätzen. Der Immergrüne Kreuzdorn ist ein Vertreter der mediterranen Macchia und Garigue. Verbreitung: Ganzes Mittelmeergebiet, ostwärts bis Armenien; im Norden am Alpensüdfuß in Gärten und Parkanlagen, dort kaum verwildert.

Alpen-Kreuzdorn ***Rhamnus alpina***
Kreuzdorngewächse *(Rhamnaceae)*

Aufrechter, bis 3,5 m hoher, sommergrüner Strauch. Junge Zweige glänzend, meist kahl, graubraun, mit deutlichen Lentizellen, ohne Dornen. Laubblätter meist nicht über 6 cm lang, wechselständig, breitlanzettlich bis eiförmig, kurz zugespitzt, fein gezähnt, oberseits dunkelgrün, glänzend, unterseits gelbgrün, behaart, mit 9–20 Nervenpaaren. Blattstiel oft behaart oder schwach drüsig, bisweilen aber schon in der Jugend kahl. Blüten unscheinbar, gelbgrün, in bis 7blütigen, blattachselständigen Büscheln. Kronblätter kürzer als die Kelchblätter; bei den weiblichen Blüten oft fehlend.
Blütezeit: Mai–Juni.
Frucht: Steinbeere eiförmig-kugelig, Durchmesser bis 10 mm, anfangs grün, bei der Reife schwarz. Samen meist 3, glänzend, gelb, mit nur im unteren Teil oder in der ganzen Länge klaffender Furche. Giftverdächtig!
Vorkommen: Auf Felsen, in lichten Wäldern und Gebüsch. Verbreitung: Mittel- und südeuropäische Gebirgspflanze.

Weinrebe, Weinstock ***Vitis vinifera***
Weinrebengewächse *(Vitaceae)*

Mit Ranken 5–20 m hoch kletternder Strauch. Junge Triebe kahl oder flockig filzig. Rinde sich streifenförmig ablösend. Laubblätter rundlich-herzförmig, tief 3–5lappig, Lappen grob gezähnt, unterseits behaart. Stiel 4–10 cm lang. Blüten gelblichgrün, in dichten Rispen.
Blütezeit: Juni–Juli.
Frucht: Beeren der Kulturformen grün, gelb, rot oder blau mit meist 2 birnförmigen Samen. Durchmesser der Früchte 5–25 mm. Wohlschmeckend, süß, saftig.
Vorkommen: Eine der ältesten Kulturpflanzen. Heimat vermutlich Kaukasus. In vielen Sorten weltweit in Gebieten mit mildem Klima gepflanzt und verwildert.
Inhaltsstoffe: In den Beeren Zucker, Weinsäure, Apfelsäure, weinsaure Salze, Pektin, Gerbstoff.
Verwendung: Früchte zur Bereitung von Wein und Saft, als Obst, zu Traubenkuren. Blattextrakte gegen Venenerkrankungen und Durchblutungsstörungen. Der bei der Weinbereitung in den Fässern abgesetzte Weinstein als Abführmittel.

Dreilappige Jungfernrebe ***Parthenocissus tricuspidata***
Weinrebengewächse *(Vitaceae)* ☠

Mit Ranken 5–25 m hoch kletternder Strauch. Ranken kurz, sehr verzweigt, an den Enden mit Haftscheiben. Laubblätter 10–20 cm breit, lang gestielt, mit 3 zugespitzten, grob gesägten Lappen mit herzförmigem Grund. Blätter an den Triebspitzen viel kleiner und dann oft ungelappt oder 3zählig. Beiderseits glänzend grün, oberseits kahl, unterseits auf den Blattnerven behaart. Herbstfärbung sehr dekorativ orangegelb bis tief scharlachrot. Blüten klein, unscheinbar, gelbgrün, in doldigen Blütenständen.
Blütezeit: Juli–August.
Frucht: Beeren dunkelblau, bereift, kugelig, 6–8 mm dick mit 1–3 kugeligen Samen. Früchte schwach giftig!
Vorkommen: Heimat China, Japan, Korea. Seit 1862 als Zierpflanze in Kultur. Die Dreilappige Jungfernrebe stellt nur geringe Ansprüche an den Boden, ist industriefest und frosthart, bevorzugt aber einen sonnigen und windgeschützten Standort.

Fünfblättrige Zaunrebe, Wilder Wein *Parthenocissus quinquefolia*
Weinrebengewächse *(Vitaceae)* ☠

Mit Ranken 6–12 m hoch kletternder Strauch. Ranken 5–8teilig, am Ende mit Haftscheiben. Rinde im Herbst und Frühjahr meist tiefrot, sich nicht in Streifen ablösend. Laubblätter 5–15 cm groß, aus meist 5 kurzgestielten, lanzettlichen bis länglich-eiförmigen, gezähnten Teilblättern bestehend. Frühjahrsaustrieb zunächst hellrot, Blätter später dunkelgrün, oberseits glänzend, unterseits bläulich, im Herbst wieder tiefrot gefärbt. Blüten unscheinbar, grünlich, in großen, endständigen Rispen.
Blütezeit: Juli–August.
Frucht: Beeren blau, wenig bereift, kugelig, erbsengroß, Durchmesser 5–7 mm, mit 1–3 Samen. Früchte schwach giftig!
Vorkommen: Heimat Nordamerika. In Europa als Zierpflanze kultiviert und oft verwildert. Anspruchslos, schnellwüchsig, schnittfest und winterhart. Eignet sich für Zäune, Mauern, Lauben, Bäume und Hauswände.

Gemeiner Buchsbaum, Immergrüner Buchsbaum *Buxus sempervirens*
Buchsbaumgewächse *(Buxaceae)* ☠

0,2–2 (–7) m hoher Strauch oder kleiner Baum. Junge Zweige mehr oder weniger vierkantig. Laubblätter immergrün, gegenständig, eiförmig, ledrig, ganzrandig, 1,5–3 cm lang, oberseits glänzend dunkelgrün, unterseits heller. Blüten gelblichweiß, unscheinbar in blattachselständigen Knäueln.
Blütezeit: März–Mai.
Frucht: Dreifächrige Kapsel; jeder Kapselteil besitzt 2 kleine Hörner. Samen glänzend schwarz. Giftig!
Vorkommen: Im Mittelmeergebiet als Charakterpflanze der immergrünen Macchien stellenweise in großen Beständen. In Deutschland nur im Moselgebiet und im Rheintal; geschützt. Häufig als schnittfester Zierstrauch gepflanzt und gelegentlich verwildert.
Inhaltsstoffe: In den Blättern verschiedene Alkaloide, ätherisches Öl und Gerbstoff. Sie verursachen in Überdosierung Erbrechen, Krämpfe und Atemlähmung.
Verwendung: Blätter früher zur Malariabehandlung, bei Rheuma, Lues und chronischen Hautleiden. Das harte Holz zu Drechslerarbeiten und Schnitzereien.

Mistel, Laubholz-Mistel *Viscum album*
Mistelgewächse *(Loranthaceae)*

20–60 (–100) cm hoher, buschförmiger, wintergrüner Halbschmarotzer auf Laubbäumen. Pflanze stets eingeschlechtig (zweihäusig). Äste gabelig, am Ende mit je einem Blattpaar oder Blattquirl. Laubblätter dick, ledrig, immergrün, umgekehrt länglich-eiförmig oder spatelig. Blüten unscheinbar, in 3–5blütigen doldenartigen Blütenständen in der Gabel zwischen zwei Zweigen.
Blütezeit: April–Mai.
Frucht: Beerenartige Scheinfrucht, rundlich, weiß oder gelblich. Fruchtfleisch schleimig-klebrig. Ungenießbar.
Vorkommen: Auf Laubbäumen. Auf Weißtannen wächst die **Tannen-Mistel,** auf Kiefern die **Föhren-Mistel.**
Inhaltsstoffe: In den Blättern Viskotoxin, Cholin, Urson, Viscautschin, Triterpene, Viscumsäure.
Verwendung: Tee von Mistelblättern in der Volksheilkunde bei Bluthochdruck, zur Stärkung der Abwehrkräfte. Vor der Verwendung als Krebsmittel ist zu warnen! Die Mistel spielte im Altertum als Kultpflanze eine große Rolle. Den Germanen war sie heilig. In England wird zur Weihnachtszeit ein Mistelzweig aufgehängt.

Kornelkirsche, Gelber Hartriegel, Herlitze *Cornus mas*
Hartriegelgewächse *(Cornaceae)*

2–8 m hoher, winterkahler Strauch oder Baum. Laubblätter gegenständig, eiförmig-elliptisch, oberseits lebhaft grün, unterseits heller grün. Blüten gelblich, auf 5–8 mm langen Stielen in kugeligen Trugdolden.
Blütezeit: Die Blüten erscheinen vor den Laubblättern von Februar–April.
Frucht: Glänzend rote, länglich-ovale, bis 2 cm lange, hängende, eßbare Steinfrüchte. Kern länglich, 2-teilig, bis 10 mm lang. Fruchtreife September–Oktober.
Vorkommen: Selten in trockenen Laubwäldern und Gebüschen, oft als Zierstrauch angebaut und verwildert. Verbreitung: Ostmediterrane Pflanze.
Inhaltsstoffe: Die Früchte enthalten Vitamin C, Fruchtsäuren und Mineralstoffe.
Verwendung: Früchte zu Saft, Gelee, Marmelade und Wein. Das harte Holz der Kornelkirsche eignet sich zu Drechslerarbeiten. Schnittfester Zierstrauch. Gute Bienenweide.

Roter Hartriegel, Roter Hornstrauch ***Cornus sanguinea***
Hartriegelgewächse *(Cornaceae)*

2–4 m hoher, winterkahler Strauch. Einjährige Zweige angedrückt kurzhaarig, glänzend dunkelpurpurrot oder braunrot, zweijährige kahl, olivbraun. Laubblätter gegenständig, gestielt, länglich-eiförmig, kurz zugespitzt, ganzrandig, 4–8 cm lang, mit 3–4 bogig zur Spitze verlaufenden Nervenpaaren. Blüten weiß, in schirmförmigen, endständigen Trugdolden.
Blütezeit: Mai–Juni.
Frucht: Kugelige, zuerst grüne, später blauschwarze, 1–2samige Steinfrucht mit kleinen, weißlichen Pünktchen. Fruchtstiele rot gefärbt. Steinkern kugelig, glatt. Die bitteren Früchte reifen im September. Ungenießbar.
Vorkommen: Häufig in Hecken, Laubmischwäldern, an Waldrändern, auf trockenen Hängen und Magerweiden.
Inhaltsstoffe: In den Früchten Anthocyan-Farbstoff. In den Samen fettes Öl.
Verwendung: Als Bodenfestiger, Zier- und Nutzstrauch gepflanzt. Das harte Holz ist zu Drechslerarbeiten geschätzt. Die Früchte sind bitter. Aus den Samen wurde früher Öl zu technischen Zwecken gewonnen.

Weißer Hartriegel ***Cornus alba***
Hartriegelgewächse *(Cornaceae)*

1–3 m hoher, sommergrüner Strauch ohne Ausläufer. Triebe aufrecht, nicht kriechend, in der Jugend leuchtend rot und bereift. Laubblätter eiförmig-elliptisch, zugespitzt, 4–8 cm lang, gegenständig, ganzrandig, oberseits grün, zerstreut behaart, unterseits graugrün mit bogig verlaufenden Nervenpaaren. Herbstfärbung dunkelrot–weinrot. Blüten gelblichweiß, 4zipflig, in 3–5 cm breiten Trugdolden ohne Hüllblätter.
Blütezeit: Mai–Juni.
Frucht: Steinfrucht beerenartig, schmutzigweiß bis hellblau, kugelig. Stein elliptisch, höher als breit, an beiden Enden abgeflacht. Ungenießbar.
Vorkommen: Heimat Sibirien, Mandschurei, Nordkorea. Als Zierpflanze in vielen Formen kultiviert und verwildert. Der Weiße Hartriegel ist industriefest und eignet sich auch für schattige Lagen. Er wird häufig an Böschungen und Straßenrändern als Bodenfestiger gepflanzt.

Efeu ***Hedera helix***
Efeugewächse *(Araliaceae)* ☠

Mit Haftwurzeln bis 20 m hoch kletternde oder auf dem Boden kriechende, immergrüne Holzpflanze. Laubblätter ledrig, oberseits dunkelgrün, glänzend, langgestielt, 3–5lappig mit herzförmigem Grund, an den Blütentrieben länglich-eiförmig. Blüten grünlich-gelb in halbkugeligen Dolden.
Blütezeit: September–November.
Frucht: Kugelige, unreif rötlich-violette, später dunkelbraune, zuletzt blauschwarze Beeren mit 3–5 Samen. Samenkerne nierenförmig, dreikantig, spitz. Fruchtreife März–April. Die Beeren können schwere Vergiftungen mit heftigem Erbrechen und Durchfällen verursachen! Bei Kindern wurden auch Todesfälle beobachtet!
Vorkommen: Verbreitet in Laubwäldern, an Felsen, Mauern und alten Bäumen; häufig als Bodendecker an schattigen Plätzen gepflanzt.
Inhaltsstoffe: Efeu enthält Triterpensaponine, Hederasaponin C, Glykoside, organische Säuren und Jod.
Verwendung: In pharmazeutischen Präparaten gegen Husten, Bronchitis und Keuchhusten. In der Homöopathie.

Blut-Johanniskraut, Mannsblut ***Hypericum androsaemum***
Johanniskrautgewächse *(Hypericaceae)*

30–100 cm hoher, am Grunde verholzter Halbstrauch. Stengel aufrecht oder bogig aufsteigend mit 2 schmal geflügelten Kanten. Laubblätter eirund, länglich, Basis herzförmig, halbstengelumfassend, sitzend, durchscheinend punktiert, oberseits frischgrün, unterseits bläulichgrün, ledrig. Blüten goldgelb, in wenigblütigen, doldenartigen, endständigen Blütenständen. Staubblätter etwas länger als die Kronblätter.
Blütezeit: Juni–September.
Frucht: Beerenartig, kugelig oder kugelig-eiförmig, 6–7 mm lang, durch die vorspringenden Plazenten unvollständig 3fächrig, nicht aufspringend, zunächst dunkelrot, dann rotbraun, später schwarz, glänzend. Samen gekielt, unregelmäßig grubig gestreift. Nicht genießen! Eßbarkeit nicht bekannt.
Vorkommen: In feuchten und schattigen Gebüschen. Allgemeine Verbreitung: West- und Südeuropa, Kleinasien. In Mitteleuropa und am Alpensüdfuß gelegentlich verwildert, wohl nie ursprünglich.
Verwendung: In der Volksheilkunde seit dem Mittelalter zur Bereitung von Wundsalben und Wundölen.

Weiße Zaunrübe, Schwarzbeerige Zaunrübe ***Bryonia alba***
Kürbisgewächse *(Cucurbitaceae)* ☠

Im Habitus der Rotbeerigen Zaunrübe sehr ähnlich, aber einhäusig. Laubblätter stets mit scharfen Zähnen. Kelchzähne so lang wie die Krone, Narben kahl.
Blütezeit: Juni–Juli.
Frucht: Die reifen Beeren sind schwarz. Giftig.
Vorkommen: An ähnlichen Plätzen wie die Rotbeerige Zaunrübe, aber nur in wärmsten Gebieten. Selten aus Gärten verwildert. Südosteuropäische Pflanze.
Inhaltsstoffe: Enthält die gleichen oder ähnliche Wirkstoffe wie *Bryonia dioica*. Von den schwarzen Früchten sollen 40 einen Erwachsenen und 15 ein Kind töten können!
Verwendung: Wird als alte Heilpflanze wie *Bryonia dioica* verwendet. Stark wirkendes Abführmittel. In der homöopathischen Medizin wird eine aus der Wurzel bereitete Essenz bei akuten fieberhaften, rheumatischen und katarrhalischen Erkrankungen angewendet. In der Volksheilkunde bei Magen- und Darmbeschwerden, bei Galle- und Leberleiden, als Abortivum, bei Gicht, Rheuma und als Hautreizmittel benutzt.

Rotbeerige Zaunrübe, Zweihäusige Zaunrübe *Bryonia dioica*
Kürbisgewächse *(Cucurbitaceae)* ☠

Krautige, zweihäusige Kletterpflanze. Wurzel rübenartig verdickt. Stengel dünn, 2–4 m lang, mit Hilfe von spiralig gedrehten Ranken kletternd. Laubblätter gestielt, im Umriß ± 5eckig, bis über die Mitte radiär 5teilig, beiderseits rauh behaart. Männliche Blütenstände gestielt, weibliche fast sitzend in den Blattachseln.
Blütezeit: Juni–September.
Frucht: Kugelige, 6–7 mm dicke Beeren. Unreif grün, reif scharlachrot. Sie enthalten wenige eiförmige, schwarze Samen. Giftig. Fruchtreife ab September.
Vorkommen: In Gebüschen, an Zäunen und Waldrändern, auf Schuttplätzen. Verbreitung: West-, Mittel-, Südeuropa.
Inhaltsstoffe: Die giftigen Früchte enthalten den Farbstoff Lycopin. In den Samen Saponin. Die stark bitter schmeckende Wurzel enthält das Glykosid Bryonin und das Harz Bryresin. Der Pflanzensaft beider Zaunrübenarten bewirkt auf der Haut Rötung, Entzündungen und Blasenbildung. Innerlich führt *Bryonia* zu Übelkeit, Erbrechen, Koliken, Delirien, Tod durch Atemlähmung.
Verwendung: Arzneiliche Verwendung wie *Bryonia alba.*

Lorbeer-Seidelbast *Daphne laureola*
Seidelbastgewächse *(Thymelaeaceae)*

☠

40–120 cm hoher, immergrüner Strauch mit wenig verzweigten Ästen. Laubblätter mehrjährig, lanzettlich, 5–8 cm lang, ledrig, kahl, oberseits dunkelgrün und glänzend, unterseits hellgrün, mit kurzem Stiel oder ungestielt. Blüten gelbgrün, zu 3–10 in sitzenden bis kurzgestielten Trauben in den Achseln der oberen Blätter, schwach duftend.
Blütezeit: März–Mai.
Frucht: Kahl, anfangs grün, später blauschwarz, eiförmig, etwas zugespitzt, 0,6–1 cm lang. Die Beeren sind sehr giftig!
Vorkommen: Selten im wintermilden Klima in Laubwäldern und Gebüschen. Allgemeine Verbreitung: West- und Südeuropa.
Inhaltsstoffe: Daphnin und ein scharfes Harz. Die Blätter gelten als besonders giftig.
Verwendung: Wie Seidelbast-Rinde in der Homöopathie bei Hauterkrankungen, Gürtelrose, Nervenschmerzen.

Seidelbast, Kellerhals ***Daphne mezereum***
Seidelbastgewächse *(Thymelaeaceae)* ☠

0,5–1,5 m hoher, sommergrüner Strauch. Zweige zäh, rutenförmig, graubraun. Laubblätter lanzettlich, ganzrandig, weich, hellgrün, erst nach den Blüten erscheinend. Blüten zu 1–4 in den Achseln vorjähriger Blätter, blaßrosa bis leuchtend rot mit angenehmem Duft.
Blütezeit: Februar–April.
Frucht: Unreif grüne, reif scharlachrote, länglich-eiförmige, saftige, einsamige Beeren. Samen fast kugelig, 5–6 mm lang, schwarzbraun. Bereits wenige Beeren können tödliche Vergiftungen verursachen!
Vorkommen: Zerstreut, meist einzeln in Laubwäldern und Hecken. Oft als Zierstrauch gepflanzt. Geschützt.
Inhaltsstoffe: Seidelbast enthält in allen Pflanzenteilen als Hauptwirkstoff Mezerin. Frische Rinde verursacht auf der Haut Entzündungen. Nach Einnahme (besonders der Früchte) Schwellung der Lippen und Mundschleimhäute, Durstgefühl, Magenschmerzen, Übelkeit, Erbrechen, Koliken, Kreislaufkollaps.
Verwendung: Vor der Blüte gesammelte Rinde in der Homöopathie.

Bärentraube, Immergrüne Bärentraube ***Arctostaphylos uva-ursi***
Heidekrautgewächse *(Ericaceae)*

Niederliegender, teppichbildender Strauch mit weitkriechenden Ästen. Laubblätter länglich bis verkehrt-eiförmig, immergrün, ledrig, ganzrandig. Blüten weiß und blaßrosa in kurzen, endständigen, überhängenden Trauben.
Blütezeit: April–Mai.
Frucht: Scharlachrote Beere mit mehligem Fruchtfleisch. Geschmack säuerlich bis herb. Verbreitung durch Vögel. Ungenießbar.
Vorkommen: Selten in lichten Kiefernwäldern und Zwergstrauchheiden.
Inhaltsstoffe: Die Blätter enthalten Arbutin, Methylarbutin, Gerbstoffe, Flavonoide und ätherisches Öl.
Verwendung: Bärentraubenblätter-Tee bei bakteriellen Infektionen der Harnwege und des Nierenbeckens. In der Volksheilkunde auch bei Husten und chronischen Durchfällen. Wegen des hohen Gerbstoffgehaltes kann es zu Magenunverträglichkeiten kommen. Früher wurden die Blätter als Gerb- und Farbstoff in der Leder- und Textilindustrie verwendet.

Preiselbeere, Kronsbeere, Grante ***Vaccinium vitis-idaea***
Heidekrautgewächse *(Ericaceae)*

10–30 cm hoher, spärlich verzweigter, wintergrüner Zwergstrauch. Laubblätter wechselständig, eiförmig oder verkehrt-eiförmig, ganzrandig oder schwach gekerbt, ledrig, am Rande etwas eingerollt, oberseits glänzend dunkelgrün, unterseits hellgrün, braundrüsig punktiert. Blüten weiß oder rötlich angelaufen, in kleinen, zweigendständigen Trauben.
Blütezeit: Mai–Juli.
Frucht: Vielsamige Beeren in ± einseitswendigen, dicht gedrängten Trauben, zuerst weiß, bei der Reife scharlachrot glänzend. Eßbar, aber wegen des herben Geschmacks für den Rohgenuß wenig geeignet. Fruchtreife September.
Vorkommen: In Mooren, Kiefernwäldern und alpinen Zwergstrauchheiden bis 2500 m.
Inhaltsstoffe: Die Früchte enthalten Vitamin C, Zucker, Fruchtsäuren, Mineralstoffe und Pektin; die Blätter Arbutin, Hydrochinon und Gerbstoff.
Verwendung: Beeren zu Konfitüre, die als Beilage zu Wildgerichten geschätzt ist. Blätter bei Blasenleiden, Gicht und Rheuma.

Heidelbeere, Blaubeere, Schwarzbeere *Vaccinium myrtillus*
Heidekrautgewächse *(Ericaceae)*

15–50 cm hoher, stark verzweigter, sommergrüner Zwergstrauch mit weitkriechender Grundachse. Stengel grün, scharfkantig. Laubblätter rundlich-eiförmig, zugespitzt, fein gekerbt-gesägt, kahl, kurz gestielt. Blüten grünlich, rötlich überlaufen, kugelig-krugförmig, auf kurzem, nickendem Stielchen.
Blütezeit: Mai–Juni.
Frucht: Kugelige, blauschwarze, meist bereifte, vielsamige, vom Kelchring gekrönte Beere mit rotem Saft. Samen braun, etwas halbmondförmig; Samenschale undeutlich netzig-grubig. Fruchtreife: Juli–September.
Vorkommen: Verbreitet auf sandigen und torfigen Böden in Wäldern, Heiden und Mooren vom Flachland bis ins Hochgebirge.
Inhaltsstoffe: Die Beeren enthalten Gerbstoffe, Fruchtsäuren, Zucker, Vitamine, Pektin, Mineral- und Farbstoffe.
Verwendung: Heidelbeeren zu Kompott, Saft, Wein, Marmelade und Desserts. Getrocknete Beeren wirken stopfend. Blätter in der Volksheilkunde bei Diabetes, Blasenschwäche, Darmkatarrh, Husten und Magenkrämpfen.

Rauschbeere, Trunkelbeere, Moorbeere ***Vaccinium uliginosum***
Heidekrautgewächse *(Ericaceae)* ☠

30–100 cm hoher, sommergrüner Kleinstrauch mit graubraunen, runden, kahlen Zweigen und langem Wurzelstock. Laubblätter derb, verkehrt-eiförmig, 1–3 cm lang, ganzrandig, oberseits blaugrün, unterseits graugrün, mit stark hervortretendem Adernetz. Blüten traubig angeordnet, weiß oder rötlich.
Blütezeit: Mai–Juli.
Frucht: Blaubereifte, birnförmige oder kugelige, vielsamige Beere. Samen hellbraun, schwach halbmondförmig, mit grubig-netziger Samenschale.
In manchen Büchern wird die Rauschbeere als giftig bezeichnet! Die Früchte sollen in Mengen genossen rauschartige Zustände, Übelkeit und Erbrechen verursachen. Diese Wirkung habe ich bei wiederholtem Genuß einer Handvoll Beeren noch nie beobachtet. Möglicherweise ist ein Pilz, der in den Beeren schmarotzt, Ursache der Giftwirkung.
Vorkommen: In Hochmooren, moorigen Wäldern und alpinen Zwergstrauchheiden.
Inhaltsstoffe: In den Beeren Zucker, Gerbstoffe, Vitamine.
Bemerkung: Vor dem Verzehr der Beeren wird gewarnt!

Moosbeere, Krähenbeere, Torfbeere ***Oxycoccus palustris***
Heidekrautgewächse *(Ericaceae)*

Niederliegendes Halbsträuchlein mit weit kriechendem, verholzendem Stengel. Laubblätter wintergrün, glänzend, derb ledrig, eiförmig zugespitzt, am Rand umgebogen. Blütentriebe kurz, aufrecht. Blüten lebhaft rosa gefärbt, nickend, mit 4 zurückgeschlagenen Zipfeln.
Blütezeit: Mai–Juli.
Frucht: Saftige, mehrsamige, kugelige, selten birnförmige Beere. Anfangs gelblich, später karminrot. Samen eilänglich, an der Spitze ± sichelförmig vorgezogen, mit netzig-grubiger Samenschale. Die eßbaren Moosbeeren sind erst nach den ersten Herbstfrösten ausgereift und haben dann einen säuerlichen Geschmack. Sie überwintern und liegen noch im Frühjahr an dünnen Fruchtstielen auf den Moospolstern.
Vorkommen: Auf sauren, nassen Moorböden.
Inhaltsstoffe: Die Früchte enthalten viel Vitamin C und Fruchtsäuren.
Verwendung: Moosbeeren werden zu Marmeladen verarbeitet. Ersatz für Preiselbeeren.

Erdbeerbaum ***Arbutus unedo***
Heidekrautgewächse *(Ericaceae)*

Immergrüner Strauch oder bis 10 m hoher Baum. Rinde anfangs dunkelrot, später graubraun, rauh und schuppig. Laubblätter ledrig, elliptisch-länglich, 5–10 cm lang, spitz, gezähnt, oberseits dunkelgrün, stark glänzend, unterseits heller mit weißer Mittelrippe, beiderseits kahl. Blattstiel 5–7 mm lang. Blüten weiß bis rosa, krugförmig, Krone mit 5 stumpfen Zipfeln; zu 15–20 in endständigen, etwa 5 cm langen, hängenden Rispen.
Blütezeit: Oktober–April.
Frucht: Erdbeerähnlich, kugelig, bis 2 cm dick, zuerst gelb, dann scharlachrot, mit warziger Oberfläche, langgestielt. Nur wenige Früchte genießbar, Geschmack säuerlich, fade. Fruchtreife gleichzeitig mit der Blüte von Oktober–April.
Vorkommen: Charakterpflanze der mediterranen Macchien. Portugal bis Türkei, Nordafrika, Libanon; im atlantischen Gebiet noch bis Südwest-Irland und Süd-England.

Scheinbeere ***Gaultheria procumbens***
Heidekrautgewächse *(Ericaceae)*

Kriechender, bis 15 cm hoher Zwergstrauch mit dichtem Wuchs, der sich durch unterirdische Ausläufer ausbreitet. Laubblätter bis 3 cm lang, elliptisch bis verkehrt-eiförmig, entfernt kerbig gesägt, oberseits dunkelgrün glänzend, unterseits hellgrün glänzend, an den Triebenden sehr dicht stehend. Blüten kegel- bis urnenförmig, nickend, weiß oder hellrötlich, einzeln oder seltener in kleinen Trauben.
Blütezeit: Juni–August.
Frucht: Kleine, rote, kugelige Scheinbeere, mit aromatischem Geruch, mehlig, eßbar. Die Beeren bleiben bis zum Frühjahr an den Zweigen.
Vorkommen: Heimat östliches Nordamerika. Seit 1762 in Kultur. Bevorzugt kalkarme Böden in schattiger oder halbschattiger Lage. Vorzüglicher Bodendecker. Vermehrung durch Aussaat oder Stockteilung.
Verwendung: Aus den Blättern wurde früher „Wintergrün-Öl“ gewonnen.

Schwarze Krähenbeere ***Empetrum nigrum***
Krähenbeerengewächse *(Empetraceae)*

30–50 cm hoher, weitkriechender, reich verzweigter, teppichbildender Zwergstrauch. Laubblätter nadelförmig, wechselständig oder fast quirlständig, wintergrün, glänzend, sehr kurz gestielt, am Rand eingerollt, so daß auf der Unterseite eine weiße Längsfurche entsteht. Blüten unscheinbar, kaum 3 mm lang, einzeln in den Achseln der oberen Blätter.
Blütezeit: Mai–Juni.
Frucht: Blauschwarze, glänzende, kugelige, beerenartige Steinfrüchte mit 6–9 einsamigen, dreiseitigen Steinkernen. Die giftigen Früchte reifen ab Juli.
Vorkommen: Selten auf sandigen Heideböden, in Moorheiden, Bergföhrenwäldern und alpinen Zwergstrauchheiden.
Bemerkung: Innerhalb der Art werden zwei Rassen unterschieden: die eine hat männliche und weibliche Blüten, ihre jungen Triebe sind fast immer rötlich (ssp. *nigrum*); die andere Rasse hat zwittrige Blüten, ihre jungen Triebe sind grün, um die jungen Früchte sind meist noch Staubfäden sichtbar (ssp. *hermaphroditum*).

Beeren-Taubenkropf, Hühnerbiß ***Cucubalus baccifer***
Nelkengewächse *(Caryophyllaceae)*

Ausdauernde Staude, mit kriechendem, dünnem Rhizom, ohne grundständige Blattrosette. Oberirdische Triebe dünn, aufsteigend bis aufrecht (60–250 cm), spreizklimmend, sparrig verzweigt, kurz behaart, nicht klebrig, locker beblättert. Laubblätter breit lanzettlich, kurz gestielt, ganzrandig. Blüten in armblütigen, lockeren Blütenständen. Kelch verwachsenblättrig, aufgeblasen, zur Fruchtzeit zurückgeschlagen, ungleich 5zähnig. Kronblätter tief zweiteilig, grünlich- bis gelblichweiß. Staubblätter 10. Griffel 3.
Blütezeit: Juli–September.
Frucht: Beerenartig, Durchmesser 6–8 mm, schwarz, glänzend, innen grün, etwas fleischig, zuletzt trockenhäutig. Samen 1,5–2 mm, glänzend, schwarz. Nicht genießen! Eßbarkeit nicht bekannt.
Vorkommen: Selten in warmen Auwäldern, auf frischen bis nassen Lehmböden. Auch an Deichen, Böschungen und Straßenrändern. Verbreitung: Eurasiatische Pflanze. Europa (Südengland, Norddeutschland, Oberrheinische Tiefebene, Südalpen, Österreich, Ungarn, Mittelrußland), Asien (Himalaja, Mandschurei, Japan).

Amerikanische Kermesbeere *Phytolacca americana*
Kermesbeerengewächse *(Phytolaccaceae)*

1–3 m hohe, ausdauernde, krautige Staude mit großem Wurzelstock. Stengel aufrecht, rund, kahl, ästig, oft rötlich. Laubblätter kurzgestielt, lanzettlich, 10–40 cm lang und 4–12 cm breit mit welligem Rand. Blüten weiß bis grünlich in 10–20 cm langen, seitwärts abstehenden, später hängenden Trauben.
Blütezeit: Juli–September.
Frucht: Beeren saftig, flachkugelig, 10rippig, bis 10 mm breit, zuerst grün, dann dunkelrot, zuletzt fast schwarz. Samen nierenförmig-linsenförmig, glänzend schwarz. Die Beeren sind giftig!
Vorkommen: Heimat Nordamerika. In Mitteleuropa in Gebieten mit Weinbauklima gepflanzt und bisweilen verwildert. Nicht frosthart.
Inhaltsstoffe: In den Früchten ein roter Farbstoff. In der Wurzel ein wasserlösliches Saponingemisch.
Verwendung: Früher zum Färben von Wein, Zuckerwaren und Schminken. Die Wurzel wird in der Homöopathie angewendet.

Asiatische Kermesbeere ***Phytolacca acinosa***
Kermesbeerengewächse *(Phytolaccaceae)* ☠

1–2 m hohe, ausdauernde Staude mit fleischiger, dicker, verzweigter Pfahlwurzel. Laubblätter länglich, dunkelgrün, wechselständig, mit glattem, nicht gewelltem Rand. Blüten in steif aufrechtem, dicht geschlossenem Blütenstand.
Blütezeit: Juli–September.
Frucht: Beeren saftig, flachkugelig, tieffurchig, 7–9fächrig, zuerst grün, später dunkelrot, zuletzt fast schwarz. Die Beeren sind giftig!
Vorkommen: Heimat Ostasien: China, Japan, Indien. In Mitteleuropa als Zierpflanze kultiviert und gelegentlich verwildert. Bevorzugt nährstoffreiche, kalkarme Böden. Wärmeliebend, aber frosthart.
Inhaltsstoffe: Eine bittere, giftige Substanz: Phytolaccatoxin. In den Blättern ein Glucoprotein.
Verwendung: Als harntreibendes Mittel. Die Früchte zum Färben. Alle Teile der Pflanze sind giftig! Die Vergiftungserscheinungen treten nach 1–2 Stunden auf: Schwindel, Erbrechen, Durchfall, Ohnmacht, Koma.
Bemerkung: Wird oft mit *Ph. americana* verwechselt.

Zwerg-Holunder, Attich, Eppich ***Sambucus ebulus***
Geißblattgewächse *(Caprifoliaceae)*

0,5–2 m hohe, krautige Pflanze mit tief im Boden kriechendem Wurzelstock. Laubblätter sehr lang, unpaarig gefiedert. Blüten in endständigen Trugdolden. Die ganze Pflanze hat einen widerlichen Geruch.
Blütezeit: Juni–August.
Frucht: Fruchtstand aufrecht oder abstehend mit zur Reifezeit dunkelrot gefärbten Stielen. Früchte beerenartig, schwarz, glänzend, rund, etwa 6 mm dick, 3–4kernig. Steinkerne eirund, fast dreiseitig. Die rohen Beeren verursachen Erbrechen. In älterer Literatur wird von tödlichen Vergiftungen berichtet! Die Giftigkeit der reifen Beeren ist nicht bestätigt.
Vorkommen: Häufig in Staudenfluren der Waldschläge und Waldlichtungen, an Schuttstellen und Straßenrändern. Verbreitung: Europäisch-westasiatische Pflanze.
Inhaltsstoffe: In allen Organen ein unerforschter Bitterstoff. In den Früchten außerdem ätherisches Öl, Gerbstoff und Anthocyan.
Verwendung: Wurzeln früher als wassertreibendes Mittel, Mus von Beeren als Abführmittel.

Schwarzer Holunder, Holder ***Sambucus nigra***
Geißblattgewächse *(Caprifoliaceae)*

3–7 m hoher, winterkahler Strauch oder Baum. Zweige mit weißem Mark. Holz gelblich. Borke hellbraun bis grau, tiefrissig. Laubblätter 10–30 cm lang, meist 5zählig gefiedert. Geruch streng aromatisch. Blüten weiß bis gelblich, in doldenförmigen Rispen, stark duftend.
Blütezeit: Juni–Juli.
Frucht: Reifer Fruchtstand überhängend, Rispenäste dunkelrot. Früchte beerenartig, erst grün, bei der Reife schwarz, glänzend, kugelig, 5–7 mm dick, saftreich. Steinkerne eiförmig, 3–4 mm lang, bräunlich. In größeren Mengen roh oder unreif gegessen, verursachen die Früchte Übelkeit und Erbrechen!
Vorkommen: Verbreitet in Wäldern und Gebüschen, oft bei Bauernhäusern. Allgemeine Verbreitung: Europa.
Inhaltsstoffe: In den Beeren Vitamine, Gerbstoffe, Anthocyanfarbstoff und Fruchtsäuren. In den Blüten ätherisches Öl, Flavonoide, Gerbstoffe.
Verwendung: Reife Früchte zu Saft, Marmelade, Gelee, Wein. Blüten als Tee bei Erkältungskrankheiten. Frische Blüten zu Holderküchlein und Holdersekt.

Trauben-Holunder, Roter Holunder ***Sambucus racemosa***
Geißblattgewächse *(Caprifoliaceae)*

1,5–4 m hoher, winterkahler Strauch. Zweige mit gelbbraunem Mark. Laubblätter gegenständig, unpaarig gefiedert, meist mit 5 kurzstieligen Teilblättern. Blüten klein, zuerst grünlich, dann gelblich-weiß, in aufrechten ei- oder kegelförmigen Rispen.
Blütezeit: April–Mai.
Frucht: Fruchtstand aufrecht. Früchte beerenartig, leuchtend rot, kugelig, etwa 4 mm dick. Steinkerne gelbbraun, eiförmig, flach. Fruchtreife Juli–August. Die Steinkerne sind giftig, das Fruchtfleisch kann gekocht verzehrt werden!
Vorkommen: Kalkmeidend. In Waldschlägen und Waldlichtungen, an Wegrändern und Schutthalden. Verbreitung: Bergwälder der Mittelgebirge; im Flachland selten. Gelegentlich als Ziergehölz in Gärten und Parkanlagen.
Inhaltsstoffe: Die Beeren enthalten Vitamine, Carotinoide und Pektine. Die Steinkerne enthalten einen schwach giftigen Stoff, der Magenschmerzen und Erbrechen verursacht!
Verwendung: Beeren ohne Kerne zu Marmelade und Gelee.

Gemeiner Schneeball ***Viburnum opulus***
Geißblattgewächse *(Caprifoliaceae)* ☠

1,5–4 m hoher, winterkahler, raschwüchsiger Strauch, der sich auch durch Wurzelschößlinge ausbreitet. Laubblätter ahornähnlich, gegenständig, 3–5lappig. Lappen buchtig gezähnt, unterseits weichhaarig. Häufig von Insekten angefressen. Blattstiel oberseits rinnig mit großen Drüsen. Blüten weiß, in endständigen, schirmförmigen Dolden. Die auffallend vergrößerten Randblüten sind unfruchtbar.
Blütezeit: Mai–Juni.
Frucht: Rote, etwa 10 mm große, saftreiche Steinbeere mit einem flachen, rosafarbenen Kern. Fruchtfleisch mit unangenehmem Geruch. Fruchtreife September. Die Beeren bleiben bis in den Winter an den Zweigen. Roh verzehrt verursachen sie Brechdurchfall und Magen-Darmentzündungen.
Vorkommen: Bevorzugt feuchte Standorte; an Flußufern, in Wäldern und Gebüschen.
Wirkstoffe: Beeren, Laubblätter und Rinde enthalten einen krampflösenden Bitterstoff.
Verwendung: In der Homöopathie bei Menstruationskrämpfen.

Wolliger Schneeball, Schlingbaum ***Viburnum lantana***
Geißblattgewächse *(Caprifoliaceae)*

1–4 m hoher, raschwüchsiger, winterkahler Strauch, der sich auch durch Wurzelschößlinge ausbreitet. Winterknospen ohne Schuppen, graufilzig. Laubblätter eiförmig, am Grund herzförmig, 5–12 cm lang, fein gezähnt, runzelig, unterseits graufilzig mit hervortretendem Adernetz. Blüten weiß bis schmutzigweiß, klein, in schirmförmigen Trugdolden, mit harnartigem Geruch.
Blütezeit: Mai–Juni.
Frucht: Die Beeren des Wolligen Schneeballs werden auch Schwindelbeeren genannt. Sie sind etwas breitgedrückt, 8 mm groß, zuerst grün, dann rot, schließlich schwarz. Steinkern flach, gerillt. Fruchtreife im September. Nach dem Verzehr der Früchte wurden bei Kindern Vergiftungserscheinungen beobachtet!
Vorkommen: Kalkliebend. Bevorzugt warme, trockene Waldränder, Gebüsche und Steppenheiden.
Verwendung: Zweige früher als Bindematerial. Als Zierstrauch an Straßenrändern, in Parkanlagen und Gärten gepflanzt.

Runzel-Schneeball, Immergrüner Schneeball *Viburnum rhytidophyllum*
Geißblattgewächse *(Caprifoliaceae)*

1–4 m hoher, immergrüner, straff aufrecht wachsender Strauch. Zweige anfangs dicht hellbraun filzig. Laubblätter eiförmig-länglich bis fast lanzettlich, 8–18 (–25) cm lang, gestielt, oberseits glänzend grün, stark runzelig, unterseits erhaben netznervig, dicht grau oder gelblich filzig. Blüten wohlriechend, in 10–20 cm breiten, flachen Trugdolden. Blütenknospen schon im Herbst fürs nächste Jahr vorgebildet. Ohne Knospenschuppen, mit gelblichweißen Haaren bedeckt.
Blütezeit: Mai–Juni.
Frucht: Eiförmig-elliptische, 8 mm lange, erst leuchtend rote, später schwarze Beeren mit flachem Steinkern. Ungenießbar. Giftverdächtig! Fruchtreife August–September.
Vorkommen: Heimat Mittel- und Westchina. Seit 1900 in Kultur. Der außerordentlich attraktive und industriefeste Strauch bevorzugt Halbschatten und frischen, humosen Boden. Er leidet unter strengem Frost.

Schneebeere ***Symphoricarpos rivularis***
Geißblattgewächse *(Caprifoliaceae)* ☠

Bis 2 m hoher, winterkahler Strauch mit unterirdischen Ausläufern. Zweige dünn, überhängend. Laubblätter gegenständig, rundlich bis eiförmig, bisweilen mit einzelnen, tiefen Einschnitten, kurz gestielt, dunkelgrün, unterseits blaugrün. Blüten rosa, in kurzen, wenigblütigen, end- und achselständigen Ähren.
Blütezeit: Juni–September.
Frucht: Kugelige, schneeweiße, 5–15 mm große, zweisamige Beere mit wabig-schaumigem Fruchtfleisch. Fruchtreife ab August. Die giftigen Beeren bleiben bis zum Winter an den Zweigen.
Vorkommen: Heimat Nordamerika. Als frostharter und industriefester Zierstrauch in Gärten und Parkanlagen gepflanzt. Stellenweise verwildert.
Inhaltsstoffe: Der Wirkstoff der Beeren ist noch nicht erforscht. Sie verursachen Schleimhautentzündungen in Mund und Magen, Übelkeit und Erbrechen. Die Wurzeln enthalten Saponine und Gerbstoffe.
Verwendung: In der Homöopathie wird eine aus frischer Wurzel bereitete Essenz bei Schwangerschaftserbrechen, Magenleiden und Dysmenorrhoe angewendet.

Garten-Geißblatt, Jelängerjelieber ***Lonicera caprifolium***
Geißblattgewächse *(Caprifoliaceae)* ☠

3–6 m hoch windender, sommergrüner Strauch (Rechtswinder) mit unterirdischen Ausläufern. Ältere Äste mit hellbrauner, sich in langen Streifen ablösender Borke. Oberstes Blattpaar breit scheibenartig miteinander verwachsen, vom Stengel durchwachsen, untere Laubblätter sitzend oder kurz gestielt, gegenständig, elliptisch bis verkehrt-eiförmig, 4–6 cm lang, ganzrandig, meist kahl, oberseits dunkelgrün, unterseits hellgrün. Blüten zu 3 beisammen, sitzend, in Blattachseln oder endständig auf dem obersten Blattpaar. Krone 4–5 cm lang, weiß bis gelblich, oft rötlich überlaufen. Wohlriechend.
Blütezeit: Mai–Juni.
Frucht: Rundliche, bis etwa 8 mm große, nicht verwachsene, korallenrote Beeren. Samen gelbbraun, oval, 4 mm lang, längsfurchig. Die Beeren sind giftig!
Vorkommen: Heimat Südosteuropa. Im übrigen Europa häufig in Gärten kultiviert und in weiten Gebieten verwildert. Bevorzugt sonnenwarme Hekken und Waldränder und kalkhaltige Böden.

Wald-Geißblatt, Windendes Geißblatt ***Lonicera periclymenum***
Geißblattgewächse *(Caprifoliaceae)* ☠

3–5 m hoch windender, sommergrüner Strauch (Rechtswinder). Junge Zweige behaart oder kahl, gelbbraun, oft rötlich überlaufen. Laubblätter stets frei, die oberen Paare nie verwachsen, kurzgestielt, das obere Paar gelegentlich sitzend, breit lanzettlich, 4–8 cm lang, oberseits dunkelgrün, unterseits blaugrün, zerstreut behaart oder kahl. Blüten gelblichweiß, außen rot überlaufen, in kopfartigen, endständigen oder gestielten blattachselständigen Blütenständen. Äußere Blütenteile mit Stieldrüsen besetzt. Blüten besonders abends intensiv duftend. Nachtschwärmerblume.
Blütezeit: Mai–Juli.
Frucht: Rundliche, hochrote, glänzende, nicht verwachsene Beere mit bleibendem Kelch. Samen gelblichbraun, abgeflacht, eilänglich, etwa 4 mm lang. Die Beeren sind giftig! Fruchtreife August–Oktober.
Vorkommen: In Eichen- und Birkenwäldern, an Waldrändern, auf Waldlichtungen. Bevorzugt warme, regenreiche Klimalage. In verschiedenen Kulturformen in Gärten und Parkanlagen gepflanzt.

Rote Heckenkirsche, Gemeine Heckenkirsche *Lonicera xylosteum*
Geißblattgewächse *(Caprifoliaceae)* ☠

1–2 m hoher, winterkahler Strauch mit reich verzweigter Krone. Zweige hellgrau, bald hohl. Laubblätter ganzrandig, breit-eiförmig, leicht zugespitzt, gegenständig, beiderseits weichhaarig, am Rande schwach bewimpert, kurz gestielt, oberseits dunkelgrün, unterseits etwas heller. Die weißlichen Blüten sitzen paarweise auf weichbehaartem Stiel in den Blattwinkeln. Blütenkrone 1–1,5 cm lang, zweilippig.
Blütezeit: Mai–Juni.
Frucht: Hellrote, glasartig glänzende Beeren, paarweise auf einem gemeinsamen Stiel stehend, viersamig, bitter. Giftig! Vergiftungserscheinungen: Erbrechen, Magenschmerzen, Durchfall, Bewußtlosigkeit, auch Todesfälle.
Vorkommen: Verbreitet in Wäldern und Gebüschen. Als schnittfeste Heckenpflanze in Parkanlagen und Gärten gepflanzt. Verbreitung: Eurosibirische Pflanze.
Inhaltsstoffe: In den Beeren ein chemisch noch nicht erforschter „Bitterstoff" Xylostein, Gerbstoff, Zucker.
Verwendung: Arzneilich nur in der Homöopathie.

Tataren-Heckenkirsche ***Lonicera tatarica***
Geißblattgewächse *(Caprifoliaceae)*

1–4 m hoher, winterkahler, aufrechter Strauch. Stengel graubraun, kahl, nicht windend. Laubblätter eiförmig bis lanzettlich, am Grunde nie miteinander verwachsen, 3–6 cm lang, kurz gestielt, kahl oder spärlich behaart, oberseits dunkelgrün, unterseits graugrün. Blüten paarweise auf gemeinsamem Blütenstiel, der so lang oder wenig länger als die Blüte ist. Blüten hellrot oder weiß, zweilippig, 2 cm lang.
Blütezeit: Mai–Juni.
Frucht: Kugelige, glänzende, hellrote, paarweise angeordnete, nicht verwachsene Beeren. Fruchtreife Juli–August. Die Beeren sind wie bei allen *Lonicera*-Arten giftverdächtig!
Vorkommen: Die Heimat der Tataren-Heckenkirsche ist das südöstliche Rußland bis Sibirien. Sie wird bei uns häufig in Gärten und Parkanlagen gepflanzt. Das anspruchslose, industriefeste, winterharte Ziergehölz eignet sich besonders für schattige Standorte. Es wird in zahlreichen Gartenformen kultiviert. Vermehrung durch Stecklinge. Selten verwildert.

Schwarze Heckenkirsche ***Lonicera nigra***
Geißblattgewächse *(Caprifoliaceae)* ☠

1–1,5 m hoher, sommergrüner, aufrechter Strauch mit dünnen, kahlen Zweigen. Ältere Äste dünn, graubraun, mit längsrissig sich ablösender Rinde. Laubblätter gegenständig, am Grunde nie miteinander verwachsen, elliptisch bis eilänglich, allmählich in die Spitze verschmälert, 3–6 cm lang, ganzrandig, oberseits dunkelgrün, unterseits bläulichgrün, zuerst beiderseits zerstreut behaart, später oft kahl oder auf den Nerven behaart. Blattstiel 2–8 mm lang. Blüten paarweise auf einem gemeinsamen, kahlen, 2–4 cm langen Stiel. Krone 0,7–1 cm lang, trübrot, selten weißlich.
Blütezeit: Mai–Juni.
Frucht: Blauschwarze, etwa 8 mm große, nur am Grunde paarweise miteinander verwachsene Beeren. Die Beeren sind giftig! Sie verursachen Brechreiz. Fruchtreife Juli–August.
Vorkommen: Selten in Gebirgswäldern auf sauren, kalkarmen Böden in Schattenlagen. Verbreitung: Mittel- und südeuropäische Gebirgspflanze.

Blaue Heckenkirsche ***Lonicera coerulea***
Geißblattgewächse *(Caprifoliaceae)* ☠

Bis 1,5 m hoher, winterkahler, stark verzweigter Strauch. Zweige gelb bis rotbraun. Rinde frühzeitig abblätternd. Laubblätter eiförmig, rundlich bis länglich, 2–5 cm lang, am Grunde nie miteinander verwachsen, oberseits dunkelgrün, unterseits blaugrün, zuerst beiderseits behaart, später oft kahl. Blattstiel kurz, 2–5 mm lang. Blüten gelblichweiß, trichterig, fast gleichmäßig 5zipflig, 15–20 mm lang, paarweise auf gemeinsamem, kaum 1 cm langem, nickendem Stiel.
Blütezeit: April–Juni.
Frucht: Blauschwarze, hellblau bereifte, kugelig-eiförmige, etwa 1 cm große Beeren. Früchte paarweise angeordnet, verwachsen. Giftverdächtig! Die Angaben in der Literatur über die Giftigkeit der Beeren widersprechen sich.
Vorkommen: Selten in Kiefern-Hochmooren, Bergföhren- und Fichtenwäldern der Mittelgebirge und Alpen. Braucht feuchte, saure Humusböden. Kalkmeidend. Verbreitung: Nordeuropäisch-alpine Pflanze. In verschiedenen Gartenformen gepflanzt.

Alpen-Heckenkirsche ***Lonicera alpigena***
Geißblattgewächse *(Caprifoliaceae)* ☠

1–2 m hoher, sommergrüner, aufrechter Strauch. Triebe grün, schwach drüsig und behaart. Laubblätter eilänglich, die meisten an der Spitze plötzlich verschmälert und in eine Spitze ausgezogen, 5–10 cm lang, oberseits dunkelgrün mit gestielten Drüsen auf den Blattnerven, sonst zerstreut behaart oder kahl, unterseits heller, glänzend, behaart mit vereinzelten gestielten Drüsen. Blattstiel 2–10 mm lang. Blüten am Grunde gelb, weiter oben braunrot, 1–1,5 cm lang, paarweise auf gemeinsamem 2–5 cm langem Stiel.
Blütezeit: Juni–Juli.
Frucht: Glänzend kirschrote, eiförmig-kugelige, bis 1,3 cm große Beeren, die an einem dünnen Stiel hängen. Früchte paarweise angeordnet, verwachsen. Die Beeren sind giftverdächtig! Fruchtreife Juli–August.
Vorkommen: Selten in feuchten Bergwäldern, Hecken und Schluchten. Bevorzugt nährstoff- und kalkreiche Böden. Verbreitung: Mittel- und südeuropäische Gebirgspflanze.

Maack's Heckenkirsche ***Lonicera maackii***
Geißblattgewächse *(Caprifoliaceae)* ☠

Bis 5 m hoher, sommergrüner, aufrechter Strauch. Junge Triebe grau behaart. Zweige kahl, bräunlich-grau. Laubblätter 5–8 cm lang, eiförmig elliptisch bis eiförmig lanzettlich, Grund stark verschmälert, Spitze lang auslaufend, oberseits dunkelgrün, unterseits heller, meist beiderseits leicht behaart. Blattstiele kurz, drüsig. Blüten in achselständigen Paaren, erst weiß, im Verblühen gelblich, zweilippig, 2 cm lang, außen meist kahl, Röhre sehr kurz, kaum ausgebaucht, Oberlippe zu 2/3 eingeschnitten; mit angenehmem Duft. Blütenstiel kurz.
Blütezeit: Juni.
Frucht: Beeren leuchtend dunkelrot, nicht verwachsen. Fruchtreife ab August, die Beeren bleiben bis zum Herbst an den Zweigen. Giftverdächtig!
Vorkommen: Heimat Amurgebiet, Mandschurei, Korea und Japan. Wegen des reichen Blüten- und Fruchtansatzes gerne als anspruchsloser Solitärstrauch in großen Gärten und Parkanlagen gepflanzt. Vermehrung durch Samen und Stecklinge.

Liguster, Gemeiner Liguster, Rainweide ***Ligustrum vulgare***
Ölbaumgewächse *(Oleaceae)*

0,5–5 m hoher, teilweise wintergrüner Strauch mit graubraunen, aufrechten Zweigen. Laubblätter 5–8 cm lang, länglich-lanzettlich, ganzrandig, lederartig, kurz gestielt, dunkelgrün. Blüten klein, mit weißer 4zipfliger Krone, in endständigen Rispen.
Blütezeit: Juni.
Frucht: 5–10 mm große, zuerst grüne, bei der Reife schwarze, glänzende, kugelige, zweisamige Beere mit purpurrotem Fleisch. Samen etwa 5 mm lang, braun. Die giftigen Beeren reifen ab September, sie bleiben bis zum Winter an den Zweigen.
Vorkommen: Bevorzugt sommerwarme, kalkhaltige Böden. Verbreitet in lichten Wäldern, an Waldrändern und im sonnigen Gebüsch.
Vielfach als schnittfeste Heckenpflanze und als Bodenfestiger gepflanzt. Läßt sich leicht durch Samen, Stecklinge und Wurzelausläufer vermehren.
Inhaltsstoffe: Die Beeren enthalten einen unbekannten Giftstoff. Sie verursachen Brechdurchfall, Krämpfe und Kreislauflähmung. Blätter und Rinde wirken hautreizend.

Ölbaum ***Olea europaea***
Ölbaumgewächse *(Oleaceae)*

Immergrüner, 6–10 m hoher Baum. Wildform strauchig. Stamm knorrig, gedreht, oft ausgehöhlt. Rinde hell, Zweige rutenförmig. Laubblätter lanzettlich, steif ledrig, ganzrandig, am Grund in einem kurzen Stiel zusammengezogen, oberseits dunkelgrün, unterseits schuppig behaart und silbrig glänzend. Blüten gelblich-weiß in blattachselständigen Rispen.
Blütezeit: Mai–Juli.
Frucht: Steinfrucht ein-, selten zweisamig, fleischig, eiförmig oder kugelig, 1,5–3,5 cm lang, glatt, kahl, anfangs grün, bei der Reife schwarzblau. Steinkern länglich, runzelig oder gefurcht, hellbraun. Fruchtreife in den Wintermonaten. Eßbar.
Vorkommen: Heimat östliches Mittelmeergebiet. Eine der ältesten Kulturpflanzen, die in Gebieten mit entsprechendem Klima weltweit gepflanzt wird.
Inhaltsstoffe: In den Früchten fettes Öl. In den Blättern Oleuropein, Oleosid und Flavonoide.
Verwendung: Früchte zur Gewinnung von Olivenöl. Die Blätter haben eine blutdrucksenkende Wirkung. Holz zu Schnitzarbeiten und zum Drechseln.

Breitblättrige Steinlinde ***Phillyrea latifolia***
Ölbaumgewächse *(Oleaceae)*

Dichter, immergrüner Strauch oder bis 5 m hoher Baum. Rinde grau. Triebe fein behaart. Laubblätter bis 6 cm lang, gegenständig, mit 7–12 Paar Seitennerven, eiförmig und gezähnt oder lanzettlich bis elliptisch und ganzrandig bzw. sehr fein gezähnt, oberseits dunkelgrün, glänzend, unterseits heller. Stiele und Nerven behaart. Blüten grünlich-weiß, in sehr kurzen, dichten, achselständigen Blütenständen, stark duftend.
Blütezeit: Mai.
Frucht: Zu zweit an einem kurzen Stiel, flachkugelig, etwa 6 mm breit, ohne Spitze, zuletzt bläulich-schwarz. Nicht genießen! Eßbarkeit nicht bekannt.
Vorkommen: Heimat westliches Mittelmeergebiet, Italien, Südfrankreich, Gardasee. Charakterstrauch der immergrünen Hartlaubregion, auf trockenen, steinigen Plätzen mit Kalkboden. Bei uns gelegentlich in Gebieten mit mildem Weinbauklima kultiviert.

Alraune ***Mandragora autumnalis***
Nachtschattengewächse *(Solanaceae)*

Mehrjährige Pflanze mit großer Blattrosette. Wurzeln dick, rübenförmig, fleischig, mit kräftigen Seitenwurzeln, bis 50 cm lang. Laubblätter länglicheiförmig, am Rande gewellt, dunkelgrün, runzelig, kurz gestielt. Blüten im Zentrum der Rosette, violett, glockenförmig mit 3–4 cm Durchmesser, kurz gestielt.
Blütezeit: September–November.
Frucht: Beere zunächst grün, bei der Reife gelb oder gelblich-rot, kugelig, 25–30 mm groß. Giftig!
Vorkommen: Auf trockenen, steinigen Feldern und in Unkrautfluren des ganzen Mittelmeergebietes; Spanien, Italien, Griechenland, fehlt in Frankreich.
Inhaltsstoffe: In der Wurzel Hyoscyamin, Atropin und Scopolamin.
Verwendung: Die Wurzel der Alraune spielt seit ältesten Zeiten eine bedeutende Rolle als Kult- und Zaubermittel. Sie ist giftig und wurde im Altertum auch als Medizin verwendet. Sie galt als Sexualstimulans und wurde als Schlaf- und bei Operationen als Schmerzmittel verwendet.

Giftbeere ***Nicandra physaloides***
Nachtschattengewächse *(Solanaceae)* ☠

Einjährige, 0,3–1,3 m hohe, aufrechte Pflanze mit etwas kantigem, ästigem Stengel. Laubblätter eiförmig oder elliptisch, am Rande buchtig gelappt bis gezähnt, oberseits behaart. Blüten hellblau, glockig-trichterförmig, einzeln in den Blattachseln, gestielt, überhängend; öffnen sich nur in der Mittagssonne, durch die Krümmung der Staubgefäße erfolgt spontane Selbstbestäubung. Kelch aufgeblasen, fünfkantig, die 5 Zipfel am Grunde miteinander verwachsen, zur Fruchtzeit stark vergrößert und die Beere einhüllend.
Blütezeit: Juli–Oktober.
Frucht: Eine braune, kaum saftige, später ganz austrocknende Beere mit vielen Samen. Samen klein, hellbraun, flach, nierenförmig, mit wabenartiger Oberfläche. Beeren giftig!
Vorkommen: Heimat Peru. Als Zierpflanze kultiviert und selten in Schutt-Unkrautgesellschaften verwildert.
Inhaltsstoffe: Die Giftbeere soll giftige Alkaloide enthalten. Ein glykosidischer Bitterstoff Nicandrin wurde neuerdings isoliert.

Gemeiner Bocksdorn, Teufelszwirn ***Lycium halimifolium (L. barbarum)***
Nachtschattengewächse *(Solanaceae)* ☠

1–3 m hoher, winterkahler Strauch mit dünnen, überhängenden, oft dornigen Zweigen. Laubblätter schmal lanzettlich, 3–7 mal so lang wie breit, graugrün, kahl, allmählich in den kurzen Stiel verschmälert. Blüten zu 1–3 in den Blattachseln, meist langgestielt; Krone blauviolett, tief fünfzipflig.
Blütezeit: Juni–Oktober.
Frucht: Beere länglich, selten gelb, in der Regel scharlachrot, vielsamig. Die Früchte sind giftig! Fruchtreife ab August.
Vorkommen: Heimat Mittelmeergebiet. In Mitteleuropa häufig als Zierstrauch oder zur Bodenbefestigung an Hängen und Dämmen gepflanzt. Oft verwildert.
Inhaltsstoffe: Die Pflanze enthält Hyoscyamin oder ein ähnliches giftiges Alkaloid, außerdem Cholin und Betain. In den Früchten Physalien und Xanthophyll.
Verwendung: Arzneilich wird eine Essenz der frischen, blühenden Pflanze in der Homöopathie angewendet. Früher als abführendes und harntreibendes Mittel.

Tollkirsche, Schwarze Tollkirsche ***Atropa belladonna***
Nachtschattengewächse *(Solanaceae)* ☠

1–1,5 m hohe, ausdauernde Pflanze mit langer Pfahlwurzel. Stengel reichästig, rot-bräunlich. Laubblätter eiförmig, in den Stiel verschmälert. Blüten einzeln stehend, langgestielt, leicht überhängend, außen braunviolett, innen schmutziggelb mit violettem Adernetz.
Blütezeit: Juni–August.
Frucht: Sehr giftige, kirschgroße, zunächst grüne, bei der Reife schwarz glänzende Beere mit zahlreichen blaßbraunen Samen. Fruchtsaft violett. Fruchtreife ab September. Bereits wenige der süßlich schmeckenden Beeren wirken tödlich!
Vorkommen: In lichten Wäldern, an Waldrändern.
Inhaltsstoffe: Die Pflanze enthält in allen Teilen stark giftige Alkaloide. Vergiftungserscheinungen äußern sich in Erregungszuständen, Pupillenerweiterung, Halluzinationen mit Tobsuchtsanfällen, Krämpfen, Bewußtlosigkeit, Atemlähmung.
Verwendung: In pharmazeutischen Präparaten als krampflösendes Mittel bei Magen- und Darmerkrankungen, Bronchitis, Neuralgien, in der Augenheilkunde.

Judenkirsche, Blasenkirsche *Physalis alkekengi*
Nachtschattengewächse *(Solanaceae)*

Ausdauernde, 25–60 cm hohe Pflanze mit kriechendem Wurzelstock. Laubblätter gestielt, eiförmig zugespitzt. Blüten schmutzigweiß auf kurzen, nach unten gebogenen Stielen. Kelch anfangs glockig, zur Fruchtreife blasig aufgetrieben, fast kugelig, orangerot, oft bis zum Winter an den kahlen Zweigen.
Blütezeit: Juni–August.
Frucht: Der aufgeblasene Kelch enthält eine kugelige, kirschgroße, glänzende, scharlachrote, genießbare Beere. Samen gelblich-weiß, nierenförmig, 1–2 mm breit, mit netzartiger Oberfläche.
Vorkommen: In Gärten angepflanzt, verwildert in Gebüschen, Weinbergen, Waldrändern und auf Schuttplätzen.
Inhaltsstoffe: Die Beeren enthalten Bitterstoffe, Gerbstoffe, Vitamin C, organische Säuren und Fruchtzucker.
Verwendung: Die Beeren wirken harntreibend. In der Volksheilkunde als Wein bei Blasen- und Nierensteinen, gegen Rheuma und Gicht. – Als Schmuckpflanze zu Trockensträußen.

Bittersüßer Nachtschatten, Bittersüß ***Solanum dulcamara***
Nachtschattengewächse *(Solanaceae)* ☠

Kletternder oder niederliegender Halbstrauch mit bis zu 2 m langen Stengeln, unten holzig, oben krautig. Laubblätter gestielt, länglich-eiförmig, am Grunde oft herzförmig, die oberen nicht selten spießförmig. Blüten in rispenartigen Wickeln. Blütenkrone violett mit gelbem Staubblattkegel.
Blütezeit: Juni–August.
Frucht: Glänzend rote, eiförmige, giftige Beere. Samen linsenförmig zusammengedrückt bis nierenförmig, fein netzig geadert. Fruchtreife August–September. Vergiftungen äußern sich in Übelkeit, Erbrechen, Durchfall und Erregungserscheinungen.
Vorkommen: In feuchten, schattigen Gebüschen, an Ufern und Schuttplätzen, in Auwäldern.
Inhaltsstoffe: In allen Teilen giftigeAlkaloide.
Verwendung: Obere Stengelteile, junge Schößlinge und Blätter früher bei Husten, als Blutreinigungsmittel und bei chronischen Hautleiden. In der Homöopathie bei rheumatischen Erkrankungen, Erkältungen, Hautausschlägen und Magendarmkatarrhen.

Schwarzer Nachtschatten ***Solanum nigrum***
Nachtschattengewächse *(Solanaceae)* ☠

10–50 cm hohe, einjährige Pflanze. Stengel aufrecht, kahl oder nur spärlich behaart, stark verzweigt, rund oder kantig. Laubblätter langgestielt, breit eiförmig, buchtig gezähnt oder ganzrandig. Blüten in armblütigen, doldenartigen Wickeln. Blumenkrone weiß, in 5 Zipfel geteilt. Staubbeutel goldgelb.
Blütezeit: Juni–Oktober.
Frucht: Meist schwarzglänzende, seltener grünlich-gelbe, kugelige, bis 1 cm dicke Beere. Fruchtstiele an der Spitze verdickt, zuletzt etwas abwärts gebogen. Jede Beere enthält etwa 50 ± nierenförmige, zusammengedrückte, an der Oberfläche fein grubige, 1–1,5 mm breite Samen. Der Giftstoffgehalt der reifen Früchte schwankt stark. Vor dem Genuß wird gewarnt!
Vorkommen: Verbreitet an Schuttplätzen, Wegrändern, Mauern, in Gärten und Unkrautfluren. Wegen der Beeren früher angebaut.
Inhaltsstoffe: In allen Teilen giftige Alkaloide.
Verwendung: In der Homöopathie selten bei Kopfschmerzen, Schwindelzuständen und Krämpfen.

Stechwinde ***Smilax aspera***
Liliengewächse *(Liliaceae)*

Bis 2 m hoch windende, reich verzweigte, verholzte Kletterpflanze. Laubblätter immergrün, derb ledrig, glänzend, gestielt, herz- oder spießförmig, unterseits netzadrig mit deutlichem Mittelnerv. Stengel sowie Blätter am Rande und unterseits auf den Hauptnerven mit hakigen Stacheln. Am Grund der Blattstiele besitzt die Stechwinde 2 Ranken, mit deren Hilfe sie zusammen mit den kletternd-haftenden Stachelzähnen im Gezweig der benachbarten Pflanzen emporklettert.
Blüten klein, weißlich oder rosa, wohlriechend, in kurzen end- oder achselständigen Blütenständen. Männliche und weibliche Blüten auf getrennten Pflanzen.
Blütezeit: September–Oktober.
Frucht: Glänzend rote Beeren, die bis zum Frühjahr an den Zweigen bleiben. Die Beeren enthalten 1–3 bräunliche, runde, harte Samenkerne. Nicht genießen! Eßbarkeit nicht bekannt.
Vorkommen: Im Mittelmeergebiet verbreitet in Wäldern, Gebüschen, Macchien, an Wegrändern und Mauern.
Verwendung: Junge Sprosse werden als Wildspargelgemüse gegessen.

Spargel ***Asparagus officinalis***
Liliengewächse *(Liliaceae)*

0,3–0,8 (in Kultur –1,5) m hohe, ausdauernde Pflanze. Rhizom holzig, dick, kurz, mit einigen fingerdicken, saftigen Sprossen, die sich später zu stark verzweigten, kahlen, oft überhängenden Stengeln entwickeln. Häutige, schuppenartige Blätter am Grunde mit spornartiger Ausbuchtung, in der Achsel 3–8 nadelartige, grüne Blätter (Phyllokladien) tragend. Blüten nickend, weißlichgelb, an dünnen, etwa in der Mitte gegliederten Stielen.
Blütezeit: Mai–Juli.
Frucht: Beeren erst grün, bei der Reife leuchtend rot, kugelig, Durchmesser etwa 8 mm. Samen schwarz, 3–4 mm breit, runzelig-gestreift. Ungenießbar.
Vorkommen: Heimat Mittelmeergebiet. Als Gemüsepflanze weit verbreitet, in den Anbaugebieten stellenweise verwildert. Bevorzugt sandige Böden.
Inhaltsstoffe: In den Früchten roter Farbstoff Physalien. In Wurzeln und Sprossen Asparagin, Saponine.
Verwendung: Junge Sprosse als Gemüse. Wurzeln und Sprosse wirken harntreibend.

Strauchiger Spargel, Lianenspargel ***Asparagus acutifolius***
Liliengewächse *(Liliaceae)*

Bis 1 m langer, kletternder Halbstrauch mit sparrigen, verholzten Zweigen. In den Achseln kleiner, zu stechenden Schuppen umgebildeter Blätter stehen 4–12 etwa 4 mm lange, nadelförmige, steife Kurztriebe (Phyllokladien), die Assimilationsaufgaben der Blätter übernommen haben.
Blüten klein, gelblichgrün, kurz gestielt, mit sechszipfeliger Krone.
Blütezeit: September–Oktober.
Frucht: Bei der Reife schwarze, glänzende, kugelige, 4–5 mm große Beerenfrüchte mit schwarzen Samen. Sie bleiben bis zum Winter an den Zweigen stehen. Nicht genießen! Eßbarkeit nicht bekannt.
Vorkommen: Die anspruchslose Pflanze ist im ganzen Mittelmeergebiet verbreitet. Sie ist ein für die trockenen, steinigen Macchien und Garigues kennzeichnendes Gewächs.
Verwendung: Die im Frühling erscheinenden Jungsprosse werden von der Landbevölkerung als beliebtes Wildspargelgemüse gesammelt.

Stechender Mäusedorn, Dornmyrte ***Ruscus aculeatus***
Liliengewächse *(Liliaceae)*

20–80 cm hoher, immergrüner Halbstrauch mit zweizeilig angeordneten, blattartig verbreiteten, stechenden Zweigen. Stengel aufrecht, holzig, reichlich verzweigt. Blüten grün, unscheinbar, einzeln oder zu wenigen auf den platten Flächen der Zweige.
Blütezeit: März–April.
Frucht: Scharlachrote, kugelige, ein- bis zweisamige, etwa 10 mm dicke Beere. Samen hellbraun, kugelig bzw. einseitig abgeflacht. Reife Beeren von September–Mai am Strauch. Nicht genießen! Eßbarkeit nicht bekannt.
Vorkommen: Auf der Alpensüdseite im Tessin und Südtirol. Gelegentlich in Gärten kultiviert. Im Mittelmeergebiet in verschiedenen Standortsformen im Unterholz der Wälder und Gebüsche.
Inhaltsstoffe: Mäusedorn enthält im Wurzelstock Ruscogenin und Neoruscogenin.
Verwendung: Gegen venöse Durchblutungsstörungen, Krampfadern und Hämorrhoiden. In der Volksheilkunde als harntreibendes Mittel. Die immergrünen Zweige werden zu Trockensträußen verwendet.

Schattenblume, Zweiblättrige Schattenblume ***Maianthemum bifolium***
Liliengewächse *(Liliaceae)* ☠

5–20 cm hohe, ausdauernde Pflanze mit dünner, kriechender Grundachse, bis 15 cm tief wurzelnd, bisweilen Ausläufer treibend. Stengel dünn, aufrecht. Laubblätter meist 2 (bei nicht blühenden Pflanzen gewöhnlich 1), kurz gestielt, aus tiefherzförmigem Grunde eiförmig, zugespitzt, bis 6 cm lang und bis 4,5 cm breit. Blütenstand endständig, ährig, aus kleinen, 2–3blütigen Dolden zusammengesetzt.
Blütezeit: Mai–Juni.
Frucht: Meist einsamige, kugelige, anfangs grüne, später rötlich punktierte, zuletzt kirschrote, 5 mm große, giftige Beere. Samen kugelig, hell.
Vorkommen: Weit verbreitet in schattigen Laub- und Nadelwäldern von der Ebene bis ins Gebirge. Die Schattenblume zeigt leichte, oft nur oberflächliche Bodenversauerung an.
Inhaltsstoffe: Die Beeren enthalten verschiedene Glukoside. Der schwache Cumaringeruch der getrockneten Pflanze weist auf Cumarin hin.
Verwendung: Wurzeln und Kraut in der Volksheilkunde als harntreibendes Mittel.

Quirlblättrige Weißwurz ***Polygonatum verticillatum***
Liliengewächse *(Liliaceae)*

Ausdauernde, 30–100 cm hohe Pflanze. Stengel aufrecht, kantig, schmal. Laubblätter 5–15 cm lang und 0,5–1,5 cm breit, schmal lanzettlich, oberseits hellgrün, unterseits graugrün, alle oder wenigstens die oberen zu 3–7 quirlständig. Blüten klein, krugförmig, gelblich, meist in 2–5blütigen Trauben, seltener einzeln, 0,7–1 cm lang, an dünnen Stielen in den Blattachseln hängend.
Blütezeit: Mai–Juni.
Frucht: Beere kugelig, 3fächrig, Durchmesser 7–10 mm, anfangs grün, später rot, dann schwarz. Giftig!
Vorkommen: In schattigen Laub- und Nadelwäldern, an Waldrändern, auf Bergwiesen, in Schluchten. Verbreitet in den Mittelgebirgen und in den Alpen. In Norddeutschland selten.
Verwendung: Die Quirlblättrige Weißwurz wurde in der Volksheilkunde früher als harntreibendes Mittel angewendet.
Bemerkung: Die Pflanze ist wie alle Weißwurz-Arten giftig.

Vielblütige Weißwurz, Wald-Weißwurz *Polygonatum multiflorum*
Liliengewächse *(Liliaceae)*

Ausdauernde, 30–60 cm hohe Pflanze mit knotig verdicktem Wurzelstock (Speicherorgan). Stengel ziemlich kräftig, stielrund, kahl, meist etwas übergebogen. Laubblätter wechselständig, eiförmig bis elliptisch, bis 15 cm lang und 3–6 cm breit, oberseits dunkelgrün, unterseits graugrün bereift. Blüten geruchlos, meist ohne Tragblätter, in 2–5blütigen Trauben. Perigonröhre engzylindrisch. Staubfäden weichhaarig. Die Blüten der Vielblütigen Weißwurz sind normalerweise zweigeschlechtlich, es kommen jedoch auch eingeschlechtliche Blüten vor.
Blütezeit: Mai–Juni.
Frucht: Blauschwarze, bereifte, kugelige, 8–9 mm große, widerlich-süß schmeckende, giftige Beere. Fruchtreife: August–September.
Vorkommen: Auf nährstoff- und basenreichen Böden, verbreitet in schattigen Laub- und Mischwäldern, in Gebüsch, selten auf Heiden.
Bemerkung: Alle Weißwurz-Arten und besonders die Beeren sind giftig.

Wohlriechende Weißwurz, Salomonssiegel *Polygonatum odoratum (P. officinale)*
Liliengewächse *(Liliaceae)* ☠

20–50 cm hohe, ausdauernde Pflanze. Stengel bogig überhängend, kantig. Laubblätter zweizeilig, wechselständig, aufgerichtet, oval-lanzettlich, nach beiden Enden hin verschmälert, 3–12 cm lang und 1,5–5 cm breit, ziemlich derb, kahl, oberseits grün, unterseits graugrün. Blüten zu 1–2, gestielt in den Blattachseln hängend, wohlriechend.
Blütezeit: Mai–Juni.
Frucht: Beere blauschwarz, etwas bereift, Durchmesser 8–12 mm. Giftig!
Vorkommen: Ziemlich häufig in trockenen Wäldern und Gebüschen, an Waldrändern, steinigen Abhängen, auf Felsen, Geröll und Bergwiesen. Verbreitung: Eurosibirische Pflanze.
Inhaltsstoffe: Im Wurzelstock Saponine und Glukokinin.
Verwendung: In der Volksheilkunde äußerlich bei Blutergüssen, innerlich als harntreibendes Mittel. Die blutzuckersenkende Wirkung wird seit längerer Zeit in Japan genutzt. In der Homöopathie selten bei Narbenwucherungen. Giftig wie alle Weißwurzarten.

Stengelumfassender Knotenfuß ***Streptopus amplexifolius***
Liliengewächse *(Liliaceae)*

20–80 cm hohe, ausdauernde Pflanze. Grundachse sehr kurz, dick, knotig. Stengel aufrecht, einfach oder in der oberen Hälfte verzweigt, zickzackartig hin und her gebogen. Laubblätter wechselständig, länglich-eiförmig, mit herzförmigem Grund den Stengel umfassend, bis 15 cm lang und 3–6 cm breit, kahl, oberseits dunkelgrün, unterseits graugrün. Blüten tief 6teilig, gelbgrün. Blütenstiele um den Stengel herum gebogen und dabei teilweise mit dem Stengel verwachsen, bis 5 cm lang, deutlich gekniet.
Blütezeit: Mai–Juli.
Frucht: Lebhaft rote, etwa 10 mm lange Beere mit 20–25 Samen. Saft farblos, etwas schleimig. Samen länglich, etwas gekrümmt, gelblich, 3–4 mm lang. Nicht genießen! Giftverdächtig!
Vorkommen: Selten in schattigen, feuchten Bergwäldern auf meist kalkarmen Böden. Verbreitung: Europäisch-nordamerikanische Pflanze; Pyrenäen, Alpen, Schwarzwald, Thüringer Wald, Böhmerwald, Apennin, Balkan, Ostasien, Grönland.

Maiglöckchen, Maiblume ***Convallaria majalis***
Liliengewächse *(Liliaceae)* ☠

10–30 cm hohe, mehrjährige Pflanze mit kriechendem, dünnem Wurzelstock. Meist mit 2 großen, breitlanzettlichen, dunkelgrünen Grundblättern. Blüten weiß, mit angenehmem Duft, kugelig-glockig, 5–10 in lockerer, einseitswendender, überhängender Traube an blattlosem Blütenstiel.
Blütezeit: Mai–Juni.
Frucht: Im August reifen die scharlachroten, kugeligen, dreifächerigen, sehr giftigen Beeren.
Vorkommen: Verbreitet, meist in dichten Beständen in Laubwäldern. Geschützt. Größere Zuchtformen werden für den Garten angeboten.
Inhaltsstoffe: Alle Pflanzenteile enthalten tödlich giftige Glykoside (Convallatoxin, Convallatoxol, Convallosid). Vergiftungen äußern sich in Übelkeit, Erbrechen, Schwindelgefühl, Bewußtlosigkeit, Herzstillstand.
Verwendung: Maiglöckchenkraut wurde früher als Herzmittel, getrocknete und pulverisierte Blüten als Bestandteil von Schnupftabak verwendet.

Einbeere, Vierblättrige Einbeere ***Paris quadrifolia***
Liliengewächse *(Liliaceae)* ☠

Ausdauernde, bis 40 cm hohe Pflanze mit kriechendem Wurzelstock. Blütenstengel kahl, oben meist mit 4 sitzenden, quirlständigen, elliptisch-lanzettlichen, netzadrigen Laubblättern, die vorne zugespitzt sind. Blüten endständig, in der Regel 4gliedrig, äußere Blütenblätter lanzettlich, hellgrün, innere viel schmaler, gelbgrün.
Blütezeit: Mai–Juni.
Frucht: Blauschwarze, etwa kirschgroße, mehrsamige, giftige Beere. Samen braun, fast halbkugelig, mit runzeliger Schale. Fruchtreife Juli–August.
Vorkommen: Häufig in humusreichen, etwas feuchten, schattigen Laubmischwäldern und Gebüschen.
Inhaltsstoffe: Enthält in allen Teilen, vor allem in Beeren und Wurzelstock giftige Saponine. Vergiftungen äußern sich in Erbrechen, Übelkeit, Schwindelanfällen und Durchfall.
Verwendung: In der Homöopathie bei Nervenschmerzen und bei Kehlkopfkatarrhen. Das zerquetschte Kraut früher in der Volksheilkunde zur Wundbehandlung.

Schmerwurz *Tamus communis*
Schmerwurzgewächse *(Dioscoreaceae)* ☠

1,5–3 m hohe, mehrjährige Schlingpflanze mit einem 5–10 cm dicken und 20–30 cm langen, knolligen Wurzelstock. Laubblätter gestielt, herzförmig, ganzrandig, oberseits dunkelgrün und glänzend, bogennervig. Blüten zweihäusig, unscheinbar, grünlich, zu achselständigen Trauben vereinigt.
Blütezeit: Mai–Juni.
Frucht: Zuerst grüne, dann orangegelbe, später scharlachrote, glänzende, kugelige, dreifächerige, wenigsamige, sehr giftige Beeren. Samen 3–4 mm dick, rötlichbraun, kugelig. Vergiftungserscheinungen wie beim Aronstab, sie können tödlich enden!
Vorkommen: In Mitteleuropa selten in Gebieten mit mildem Klima; in Westeuropa, auf der Alpensüdseite und im Mittelmeergebiet häufig in schattigen Wäldern und Gebüschen, an Zäunen und Waldrändern.
Inhaltsstoffe: Ein stark hautreizender Stoff, Saponine, Calciumoxalat und Schleimstoffe.
Verwendung: Selten in der Homöopathie. Der Wurzelstock früher in der Volksheilkunde bei Rheuma.

Drachenwurz, Schlangenkraut ***Calla palustris***
Aronstabgewächse *(Araceae)* ☠

15–30 cm hohe, einjährige, krautige Sumpfpflanze. Wurzelstock lang, kriechend, grün. Laubblätter im Umriß rundlich, zugespitzt, am Grunde herz- oder nierenförmig, glänzend, langgestielt. Hüllblatt (Spatha) eiförmig bis elliptisch, innen weiß, 3–7 cm lang. Blütenkolben 2–4 cm lang, stumpf, bis zur Spitze mit meist zwittrigen Blüten bedeckt.
Blütezeit: Mai–Juli, bisweilen nochmals im September.
Frucht: Scharlachrot, schleimig, beerenartig, dicht gedrängt am Kolben sitzend, mit 4–10 Samen; Samen länglich, dickschalig, längsfurchig, schwärzlich. Früchte giftig!
Vorkommen: Selten, aber meist gesellig in Sümpfen, Torfmooren, Erlenbrüchen und Großseggengesellschaften. Geschützt. Verbreitung: Eurosibirisch-nordamerikanische Pflanze. Fehlt in den Alpen.
Inhaltsstoffe: Enthält ähnliche, giftige Wirkstoffe wie der Aronstab *(Arum maculatum).*
Verwendung: Früher in der Volksheilkunde gegen Schlangenbiß.

Aronstab, Gefleckter Aronstab, Zehrwurz *Arum maculatum*
Aronstabgewächse *(Araceae)*

20–40 cm hohe Pflanze mit einem rundlich-eiförmigen Wurzelstock, der zahlreiche dünne Nebenwurzeln trägt. Basis mit bräunlichen Niederblättern. Laubblätter lang gestielt, pfeilförmig, glänzend, dunkelgrün, bisweilen schwärzlich gefleckt. Die männlichen Blüten sitzen über den weiblichen an einem keulig verdickten Kolben, der von einem großen Hüllblatt (Spatha) umgeben ist.
Blütezeit: April–Mai.
Frucht: Die giftigen, eiförmigen, leuchtend roten Beeren reifen im August–September. Sie sitzen dicht gedrängt am Kolben. Verbreitung durch Vögel.
Vorkommen: Liebt nährstoffreiche, humose, kalkhaltige Lehm- und Tonböden. Zerstreut in feuchten, schattigen Mischwäldern, in Auwäldern und Gebüschen.
Inhaltsstoffe: Alle Teile der Pflanze enthalten den chemisch nicht näher untersuchten Giftstoff Aroin. Die Vergiftungserscheinungen äußern sich in heftigen Reizungen in Mund, Rachen, Magen, Darm. Es folgen Erregungszustände, Erbrechen, Krämpfe, Herzstörungen.

Italienischer Aronstab ***Arum italicum***
Aronstabgewächse *(Araceae)*

Bis 20–60 cm hohe, ausdauernde Pflanze mit großem, länglichem Wurzelstock. Laubblätter pfeilförmig, lang gestielt, oberseits weißlich geadert, bereits im Spätherbst erscheinend. Hüllblatt (Spatha) länglich zugespitzt, außen grüngelblich, innen weißlich, oben weit offen und zurückgeschlagen, bis 40 cm hoch. Blütenkolben fleischig, gelb, keulenförmig verdickt, etwa 1/3 der Spatha erreichend.
Blütezeit: April–Mai.
Frucht: Erst grüne, bei der Reife leuchtend scharlachrote, fleischige Beeren, dicht gedrängt am Kolben sitzend. Giftig! Vergiftungserscheinungen wie beim Aronstab *(Arum maculatum)*.
Vorkommen: Heimat Mittelmeergebiet. Spanien bis Türkei, Westeuropa, nördlich bis Südengland, selten im Gardaseegebiet und im Tessin.
In feuchten Hecken und schattigen Gebüschen.
Bemerkung: Die ganze Pflanze ist giftverdächtig.

Literaturverzeichnis

AICHELE, D.: Was blüht denn da? Kosmos-Naturführer, Stuttgart 1979

AICHELE/SCHWEGLER: Welcher Baum ist das? Kosmos-Naturführer, Stuttgart 1978

AICHELE/SCHWEGLER: Was grünt und blüht in der Natur? Kosmos-Naturführer, Stuttgart 1981

BÄRTELS, A.: Das große Buch der Gartengehölze, E. Ulmer Verlag, Stuttgart 1973

BUFF, W./VON DER DUNK, K.: Giftpflanzen in Natur und Garten, Augsburger Bücher Verlags GmbH, Augsburg 1981

DÜLL, R.: Botanisch-Ökologisches Exkursionstaschenbuch, W. Braun Verlag, Duisburg 1976

EBERLE, G.: Pflanzen am Mittelmeer, W. Kramer Verlag, Frankfurt am Main 1975

EISELT, M. G./SCHRÖDER, R.: Laubgehölze, Neumann-Neudamm, Melsungen 1977

ESAU, K.: Pflanzenanatomie, G. Fischer Verlag, Stuttgart 1969

FIORI, A.: Nuova Flora Analitica d'Italia, 3 Bände, Edizioni Agricole, Bologna 1974

GESSNER/ORZECHOWSKI: Gift- u. Arzneipflanzen von Mitteleuropa, C. Winter Universitätsverlag, Heidelberg 1974

HAGERS Handbuch der Pharmazeutischen Praxis, 4. Aufl., 7 Bände, Springer-Verlag, Berlin, Heidelberg, New York 1967–1979

HEGI, G.: Illustrierte Flora von Mitteleuropa, Hanser, München, Parey, Berlin 1906–1979

HESS, H. E./LANDOLT, E./HIRZEL, R.: Flora der Schweiz, 3 Bände, Birkhäuser Verlag, Basel und Stuttgart 1977

KRÜSSMANN, G.: Handbuch der Laubgehölze, 3 Bände + Reg.-Bd. P. Parey, Berlin und Hamburg 1976–1978

LAUX, H. und H. E. LAUX: Kochrezepte für Naturfreunde. Kosmos-Verlag, Stuttgart 1981

MITCHELL, A.: Die Wald- und Parkbäume Europas, P. Parey, Hamburg 1975

MÜLLER, T./KAST, D.: Die geschützten Pflanzen Deutschlands, Verlag des Schwäbischen Albvereins e. V. Stuttgart 1969

OBERDORFER, E.: Pflanzensoziologische Exkursionsflora, E. Ulmer Verlag, Stuttgart 1979

PAHLOW, M.: Das große Buch der Heilpflanzen, Gräfe und Unzer, München 1979

PAHLOW, M.: Beeren und andere Wildfrüchte, Hallwag, Bern 1976

PHILLIPS, R.: Das Kosmosbuch der Bäume, Kosmos-Naturführer, Stuttgart 1980

POKORNY, J.: Sträucher und Gehölze, Verlagsgruppe Bertelsmann GmbH, München, Gütersloh, Wien, 1974

POLUNIN, O.: Bäume und Sträucher Europas, BLV Verlagsgesellschaft, München, Bern, Wien 1977

SCHMEIL-FITSCHEN: Flora von Deutschland, Quelle und Meyer, Heidelberg 1973

SCHÖNFELDER, P. u. I.: Der Kosmos-Heilpflanzenführer, Kosmos-Naturführer, Stuttgart 1980

SCHÖNFELDER-FISCHER: Welche Heilpflanze ist das? Kosmos-Naturführer, Stuttgart 1976

SCHUBERT, R./WAGNER, G.: Pflanzennamen und botanische Fachwörter, Verlag J. Neumann-Neudamm, Melsungen 1975

STRASBURGER: Lehrbuch der Botanik, G. Fischer Verlag, Stuttgart 1971

ZECH, J.: Bäume und Sträucher, Kosmos-Taschenführer, Stuttgart 1977

Register der deutschen und wissenschaftlichen Namen